Arrêtez de communiquer.
Vous en faites trop !

Arrêtez de communiquer. Vous en faites trop !

Pour un développement durable des réseaux de communication dans l'entreprise

André-A. Lafrance et François Lambotte

Éditions
Nouvelles

division de Production et Édition ASMS inc.

5000, rue Iberville, bur. 220 • Montréal, Qc H2H 2S6
Tél.: (514) 355-9718 • Télec.: (514) 355-0214
Email : editionsnouvelles@bellnet.ca

Catalogage avant publication de Bibliothèque et Archives nationales
du Québec et Bibliothèque et Archives Canada

Lafrance, André, 1944-
Arrêter de communiquer. vous en faites trop!

Comprend des réf. bibliogr.
ISBN 978-2-923446-15-8

1. Communication dans l'entreprise   2. Communication – Analyse de réseau
3. Communication – Planification I. Lambotte, François, 1977-   II. Titre

HF5718.L33 2008   658.4'5   C2008-941759-3

Québec ██

Canada

Nous reconnaissons l'aide financière
du gouvernement du Canada par l'entremise
du Programme d'aide au développement
de l'industrie de l'édition (PADIÉ) pour nos
activités d'édition.

Photo André-A. Lafrance : Claude Lacasse, Forum, Université de Montréal

Dans cet ouvrage, le masculin a été utilisé, sans aucune discrimination
et uniquement pour alléger le texte.

Conception et réalisation de la page couverture : **Interscript**
Conception et mise en page : **Interscript**

Dépôt légal : 3ᵉ trimestre 2008
Bibliothèque nationale du Canada
Bibliothèque nationale du Québec

ISBN 978-2-923446-15-8

Table des matières

Avant-propos

Deux professeurs, à deux étapes de carrière universitaire et sur deux continents, se rencontrent et développent une complicité les menant à la publication d'un livre sur les communications dans les entreprises.

Le premier, André-A. Lafrance, œuvre depuis plus de trente ans, à l'Université de Montréal. En plus d'avoir dirigé les services audiovisuels de l'Université (une soixantaine d'employés) pendant neuf ans et avoir été l'un des fondateurs du réseau de télévision « Canal-Savoir », il a progressivement concentré son enseignement et sa recherche sur les communications organisationnelles. Il a eu le plaisir de se voir demander, par un jeune collègue de l'Université Libre de Bruxelles, l'autorisation de reprendre, dans l'un de ses cours, certains des modèles qu'il avait développés dans le manuel pour son cours portant sur « *Les éléments de communication interne*». Ils se sont rencontrés durant un séjour du premier à l'Université du second et ils se sont mis à revoir les modèles qu'ils venaient de partager dans leur enseignement. Ce livre est le résultat de leur travail commun.

Le deuxième, François Lambotte, après une thèse en Sciences de gestion et un bref détour par la pratique, a récemment obtenu la chaire de Communication des entreprises de l'Université Libre de Bruxelles. Ces recherches portent sur les problèmes de communication et de coordination dans les projets IT et sur la transformation des pratiques professionnelles en relation avec les TICS. C'est dans le cadre de la construction de cette chaire, que les auteurs ont croisé leur chemin. Ce livre n'est que le début d'un projet de grande ampleur visant à construire un enseignement original de la communication organisationnelle.

Note : *Nous allons entraîner nos lecteurs dans une séquence de concepts s'emboîtant les uns dans les autres afin de construire une grille d'analyse des réseaux de communication dans leur entreprise. Cette grille leur permettra d'évaluer et d'améliorer ces réseaux et, par la suite de choisir ceux qui répondent le mieux à la transmission de chacun de ses messages.*

En cours de route, nous allons proposer des « apartés » auxquels les lecteurs pourront s'arrêter ou revenir pour enrichir leur réflexion. Ils seront annoncés par les sous-titres « Pour référence » (des auteurs ou des résumés de pensées d'auteurs qui ont alimenté notre propre démarche théorique), « Pour discussion » (des idées et des auteurs qui proposent une addition ou, même, une nuance à notre présentation ; aussi, des invitations à réflexion et à expérimentation), « Pour illustration » (des exemples d'application des concepts présentés).

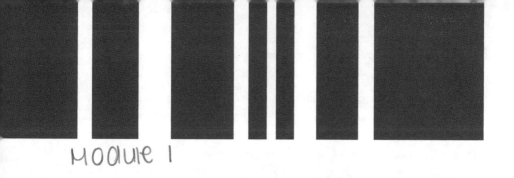

Introduction : les acteurs de la communication interne

«Arrêtez de communiquer, vous en faites trop!». Ce conseil va à contre-courant du discours à la mode. La communication est présentée comme une panacée à tous les maux. Les invitations à communiquer ressemblent à cette «danse de la pluie» dont les Amérindiens d'Hollywood paraissaient si friands. Il suffisait de danser et de chanter assez longtemps pour que la pluie mette fin à la sécheresse qui menaçait le bien-être ou la survie de la tribu. Dans nos organisations modernes, c'est à la sécheresse de la productivité, de l'innovation, ou de la réactivité devant l'évolution des marchés, ou des clientèles, que l'on espère enfin trouver une réponse en multipliant les opérations dites «de communication». On développe des programmes, on achète des machines, on met en scène des événements. La communication est considérée comme une option qu'il faut vendre aux gestionnaires pour donner une qualité supplémentaire à l'exercice de leurs responsabilités. Comme si le fait de communiquer était une option dont il fallait les convaincre de l'utilité. Comme si l'on pouvait décider, un jour, de se mettre à communiquer.

L'ÊTRE COMMUNICANT

Cependant, «on ne peut pas ne pas communiquer». Même celui qui ouvre un journal devant ses voisins communique... qu'il ne veut pas communiquer. Ce sont les penseurs regroupés sous le nom de l'École de Palo Alto, qui ont popularisé cette expression fétiche.

L'être humain est essentiellement un être communicant. Même sans aucune parole, il communique par son attitude, ses vêtements, ses gestes. L'inviter à communiquer, c'est comme lui conseiller de respirer. Si on veut lui rendre service, si on veut lui faire partager les bénéfices d'une expertise, on doit lui proposer d'améliorer sa façon de le faire. On l'aide à prendre conscience de ses habitudes et en évaluer l'efficacité. On lui montre qu'il ne suffit pas d'en augmenter la cadence pour en améliorer la portée. Au contraire, l'accélération du rythme, de la respiration comme de la communication, risque de provoquer une perte de contrôle des opérations vitales qui assurent son développement et sa survie.

Ce postulat faisant de tous les acteurs de l'entreprise des êtres communicants va à l'encontre d'un certain discours européen qui attribue le titre de communicants aux personnes qui, dans cette même entreprise, seraient des professionnels de la communication. Nous n'avons pas l'intention de remettre en question une pratique qui semble satisfaire ceux qui l'exercent. Nous aimerions simplement signaler que l'utilisation du terme communicant entraîne une certaine ambiguïté dans le rôle de ceux qui s'en réclament, car la communication n'est pas l'apanage exclusif d'une catégorie de professionnels, c'est une activité exercée par tous ceux qui œuvrent dans une entreprise.

LES COMMUNICATEURS

S'il y a, dans l'entreprise, des acteurs qui ont non seulement l'habitude incontournable de communiquer, mais qui ont aussi le devoir de le faire, ce sont les cadres de cette entreprise. Les premiers théoriciens de la gestion (Taylor, Fayol) avaient déjà signalé que les principales tâches des cadres étaient de planifier, distribuer, maximiser et contrôler le travail. Or, cela ne peut se faire qu'en communiquant. C'est pourquoi nous proposons de leur attribuer le titre de « communicateurs ».

Pour référence :

Taylor est le père de la gestion scientifique tandis que Fayol est le père de l'administration scientifique du travail. Tous deux ont en commun une vision scientifique détaillée du travail et une obsession pour la mesure et le contrôle du travail exécuté.

D'un point de vue organisationnel :

Taylor va plus loin que la division scientifique d'une activité en tâches répétitives. Il confie aux cadres la tâche de planification et de conception du travail et aux employés l'exécution du travail en tant que tel.

Fayol, quant à lui, accorde une importance prépondérante à la chaîne de commande. Chaque employé est sous la responsabilité d'un seul supérieur hiérarchique et n'est responsable que d'une seule activité.

D'un point de vue communicationnel :

Taylor laisse peu d'espace à la communication sur l'environnement, le bien-être, ou la participation des employés. Les cadres pensent, les employés travaillent. Fayol favorise la communication à travers la chaîne de commande. Ces deux visions mettent hors-jeux et donc hors-gestion, la communication venant de réseaux parallèles…

On trouvera un excellent résumé de leurs pensées dans Eisenberg et al. 2007, p. 72-76.

Nous allons traiter ces communicateurs comme les principaux vecteurs de la communication circulant à travers l'entreprise. Ils pourront être de «bons» ou de «mauvais» communicateurs dans l'exercice de leurs fonctions de cadres, comme ils pourront être, à l'instar de tous les autres acteurs de l'entreprise, de «bons» et de «mauvais» communicants concernant leur participation à la vie organisationnelle. Ils devront donc moduler leurs activités de communication, en distinguant celles qui relèvent de leur rôle de communicateur et de celles de leur rôle de communiquant. C'est une zone d'ambiguïté qui recèle de nombreux pièges et qui entraîne parfois l'erreur de «sur-communiquer» en confondant les genres.

Pour discussion :

«En tant que chef d'entreprise, on est constamment soumis à toutes sortes de contraintes extérieures», affirme Félix Soussan, le président de l'entreprise de prêt-à-porter Un jour ailleurs. Un patron n'est pas plus maître de son temps que le commun des salariés ; c'est même plutôt le contraire. Entre les demandes internes, les clients, la concurrence, parfois les actionnaires, il peut se sentir comme une « marionnette », voire « l'esclave de ses collaborateurs », selon les mots d'Alain Bernard, PDG de Prosodie, un opérateur de téléphonie coté au nouveau marché. Concilier vie professionnelle et vie personnelle est donc en premier lieu une affaire de choix.

(Christophe Falcoz, 2001, LEntreprise.com (extrait du n° 180).)

LES COMMUNICOLOGUES

Pour communiquer efficacement, au sujet aussi bien de ce qu'ils font que de ce qu'ils sont, les communicants et les communicateurs doivent développer des pratiques, utiliser des instruments et fréquenter des lieux. Pour ce faire, ils utilisent des réseaux humains et des réseaux techniques de communication. Pour les aider à le faire, l'entreprise doit mettre à leur disposition les conseils et le soutien d'experts en ce domaine. Par leurs études et leur expérience, ces experts disposent de modèles basés sur l'observation et l'expérimentation qu'ils ont menées ou qu'ils ont apprises en étant à l'écoute de leurs prédécesseurs et de leurs collègues exerçant la même profession. Certes il y a, dans ce bagage, les fruits de leurs intuitions qui les placent dans la catégorie de ceux qui pratiquent les arts de la communication. On y trouve aussi une maîtrise des instruments qui implique les techniques de la communication, mais leur grand apport se situe au niveau du recours à des modèles d'analyse des besoins et de la mise en œuvre des réponses à ces besoins.

Lorsque nous avons recours à des modèles, nous parlons alors de science. C'est pourquoi nous appelons ces experts-conseils des « communicologues ». Le terme est peut-être un peu... exotique, mais il utilise le même suffixe « logue » (science) que les politologues, les psychologues et les sociologues. Ils ne sont pas responsables des politiques d'un pays, de la psyché de leurs patients ou de la société qu'ils observent, mais ils utilisent des modèles pour analyser et conseiller ceux qui veulent bien les écouter.

Pour référence :

«Son travail ne conduit pas le cadre à être un plani-
ficateur et un penseur ; il le conduit plutôt à être un
manipulateur d'information et un adaptateur qui
préfère un milieu de type «stimulus-réponse (...) Le
spécialiste de gestion peut aider à briser ce cercle
vicieux. Il peut apporter au cadre une aide signifi-
cative dans le traitement de l'information et l'élabora-
tion de la stratégie, à condition qu'il comprenne mieux
le travail du cadre et qu'il puisse se ménager un accès
à sa base de données verbales.»

(Henry Mintzberg, 1984, p. 19.)

L'utilisation du terme «communicologue» vise ainsi à éviter les ambi-
guïtés quant aux rôles des professionnels qui s'appellent «communicants».
Ces communicologues n'ont pas pour rôle de «faire» les communications.
Certes, il peut leur arriver de suppléer, ponctuellement, (osons dire trop
souvent) aux déficiences des communicants ou des communicateurs pour
livrer un message en leur nom et à leur place, mais il s'agit d'un dévoiement
de leur rôle de conseil. Le médecin peut toujours augmenter son activité
physique, cela ne changera rien à l'état de ses patients !

Pour référence :

Pour bien comprendre la différence entre le communicateur et le communicologue, mentionnons l'approche
analytique de la communication organisationnelle
défendue par Ollivier (2007). Dans cette approche, on
distingue le gestionnaire – communicateur – qui n'a
qu'un seul objectif : faire en sorte que le message passe
du communicologue dont le rôle n'est pas de communiquer mais de rechercher l'information, d'analyser,
et de conseiller le communicateur : de comprendre
pourquoi le message passe ou ne passe pas.

Nous ne prétendons pas révolutionner le vocabulaire professionnel. Nous demandons seulement à nos lecteurs de bien vouloir accepter les implications de ces termes pendant qu'ils chemineront avec nous à travers les pages qui suivent.

module 2 et 3

Le rôle de la communication interne

Qu'est-ce qu'une entreprise?

Lorsqu'on parle de communication interne, on suppose que cette communication se déroule à l'intérieur d'un cadre. Nous qualifions ce cadre «d'entreprise». Il ne s'agit pas d'un terme visant à discriminer certaines formes d'activités humaines ou à favoriser certains modes de regroupements, si ce n'est pour signaler que nous allons nous intéresser aux regroupements qui entreprennent des activités dans un but précis. Ce but peut être culturel, commercial, industriel ou social.

À l'initiative d'auteurs états-uniens, on a commencé à s'intéresser à l'organisation plutôt qu'à «l'entreprise». On veut ainsi insister sur l'aspect de regroupements de personnes qui se donnent des modalités d'actions et de relations dans une certaine durée. C'est le cas, aussi bien, d'une association de bénévoles que d'un parti politique, d'une société à but lucratif, d'un syndicat, d'un ministère ou d'une agence paragouvernementale. La particularité de toutes ces «organisations», c'est de se donner un cadre dans lequel s'inscrivent les communications faisant l'objet de notre propos.

[

Pour discussion :

Eisenberg et ses collègues (2007, p. 4) définissent la communication organisationnelle comme «l'interaction nécessaire pour diriger un groupe vers un ensemble de buts communs».

]

Tout en nous associant aux chercheurs de la filière «communications organisationnelles», nous allons privilégier le terme «entreprise» pour rappeler l'aspect téléologique de ses activités, car il doit toujours y avoir un but qui sous-tend les échanges opérationnels et communicationnels.

Notons que la notion d'interne fait aujourd'hui débat dans une société qui, elle, évolue vers une plus grande ouverture de l'organisation. De plus en plus, les citoyens poussent vers une transparence accrue des activités des entreprises et des institutions. L'organisation n'est plus une boîte noire de laquelle sortent des messages sous contrôle. En plus des obligations légales et sociales, les technologies, tel le Web 2.0, offrent l'occasion aux employés de l'entreprise de créer des blogs où ils ont l'opportunité de s'exprimer sur leur travail, leur organisation, sur la place publique. Mais interne ne veut pas dire opaque. Dans cet ouvrage, nous prenons l'hypothèse que les communications internes concernent principalement celles sous contrôle de l'organisation.

LE FLUX ÉNERGÉTIQUE DE L'ENTREPRISE

La communication interne contribue à la qualité opérationnelle de l'entreprise. Pour le démontrer, nous allons avoir recours à un modèle que nous nommons «le flux énergétique de l'organisation».

Les physiciens nous affirment que notre univers est composé d'un agrégat de flux d'énergies. Appliquons cela à l'entreprise.

L'entreprise reçoit de son milieu un apport énergétique sous la forme de ressources humaines, matérielles et financières. Pour l'instant, nous excluons, sans la nier, la présence informationnelle d'un flux qui fait l'objet de la communication… et du présent ouvrage. Toutefois, il nous semble que le recours à cette présence pourrait être considéré comme tautologique dans la démonstration qui suit, puisqu'elle a pour but d'expliciter les différents rôles de la communication dans le développement de l'entreprise.

Nous appelons ces apports l' «énergie intrante» ou EI. Cette énergie est sollicitée par toutes les entreprises qui opèrent en ce milieu, ce dernier doit donc faire des choix quant à celles auxquelles il veut contribuer. Cela s'exprime, non seulement, dans l'obtention du personnel compétent, mais également dans le prêt des banques, l'intérêt des investisseurs ou l'opinion publique (et politique) quant à l'utilisation des matières premières.

L'activité de cette entreprise remet au milieu un **produit**, sous forme de biens ou de services, que nous désignerons l'«énergie extrante» ou EX. D'un point de vue purement quantitatif, cette EX est plus petite que l'EI, puisque l'activité de l'entreprise exige, elle aussi, une certaine quantité d'énergie, appelée «énergie de transformation» ou ET. En effet, elle a besoin de certaines EI pour fonctionner. Les énergies humaines consacrées à la gestion, aux finances, à l'entretien de ses équipements et installations, et même aux «déchets» de matières brutes, ne se retrouvent pas directement dans le produit remis au milieu.

Nous sommes donc confrontés à la réalité suivante : EX<EI-ET.

Le milieu recevant moins d'énergie qu'il n'en fournit à l'entreprise, devrait être amené à réduire la quantité de celle qu'il accepte de lui donner. On se retrouve dans une spirale descendante : moins d'énergie extrant de l'entreprise, moins d'énergie intrante, donc, à nouveau, encore moins d'énergie extrante, et ainsi de suite jusqu'à l'impossibilité d'obtenir les énergies minimales nécessaires à son fonctionnement le plus élémentaire.

L'actualité nous présente des cas où une telle situation mène d'abord à des réductions d'activités, avec les licenciements associés, puis à la faillite et au dépôt de bilan d'une entreprise. Il ne s'agit pas d'un karma auquel seraient soumises toutes les entreprises. Sinon, la vie économique d'une société ne serait qu'un immense cimetière de cadavres dont les énergies auraient été condamnées à un déclin irrémédiable. Comment expliquer, alors, qu'une entreprise puisse survivre, et même se développer ? Or, c'est plutôt la loi du «rien ne se perd, rien ne se crée, tout se transforme» qui permet la survie et le développement des entreprises.

Le phénomène que nous venons de décrire considère l'énergie extrante d'un seul point de vue quantitatif. En effet, c'est ici que la communication, dans ses volets externes, intervient en modulant cette énergie d'un point de vue qualitatif. La publicité, le marketing, les relations publiques ont pu revaloriser la perception qualitative de l'énergie extrante. Si ces opérations de communication externe réussissent à convaincre le milieu de la valeur ajoutée du produit de l'entreprise, ce dernier sera prêt à maintenir, et même à augmenter, l'énergie qu'il lui fournit. Cela s'exprime par le prix que l'on est prêt à payer pour un produit, par l'accès au financement des banquiers ou par la valeur accordée aux actions de l'entreprise via les investisseurs.

Ces opérations peuvent aussi agir sur la perception du coût social de l'énergie intrante (formation professionnelle, énergies renouvelables ou non) que les gouvernants doivent moduler en fonction de l'opinion publique. Ainsi, l'entreprise cherche à montrer que ce coût social est justifiable en fonction de l'énergie extrante fournie. Elle peut aussi tenter de prouver qu'elle contribue à la création ou au renouvellement des énergies intrantes par ses différentes implications sociales dans la formation du personnel ou dans la gestion écologique des matières premières.

Pour discussion :

«Face aux nouveaux contre-pouvoirs que représentent les consommateurs, l'opinion publique et les organisations non gouvernementales, la santé à long terme d'une société dépend de plus en plus de l'image qu'elle se construit, des valeurs et de la culture qu'elle véhicule, des effets directs et indirects de son activité sur le bien commun.»

(Antoine Mérieux, La Tribune, 11/02/03.)

Cette communication externe exige des efforts importants de la part de l'entreprise. Ses effets sont, aussi, limités par la surenchère des messages qui envahissent la place publique. Il y a pourtant une autre intervention qui pourrait réduire l'écart entre l'EX et l'EI.

Si l'écart est surtout composé par l'utilisation d'une portion de l'énergie intrante pour le fonctionnement de l'entreprise, il serait intéressant de travailler sur cette portion que nous appelons l'énergie de transformation. On pourrait réduire l'importance de cette ET en utilisant les communications internes pour diminuer les erreurs, les malentendus entre les acteurs, lesquels provoquent des pertes en cours d'opération. Si chacun comprend ce que l'on attend de lui, la séquence des interventions se fera de façon plus harmonieuse. Si chacun considère les diversités qui influencent les attentes de l'autre, il saura en tenir compte et éviter qu'un malentendu ne pollue leur collaboration.

Ainsi, les communications internes contribuent à l'efficacité opérationnelle de l'entreprise. Elles ne sont pas reléguées, comme le veut une certaine vision caricaturale, aux activités sociales liées à l'atmosphère conviviale de l'ensemble. Certes, ces activités sociales, ces rencontres plus ou moins programmées, ces cérémonies festives sont fort utiles. Toutefois, les communications internes ne sont alors perçues par les comptables que comme des points de dépenses, alors que, dans le modèle que nous venons d'exposer, elles sont aussi des points de profit pour l'entreprise.

Pour discussion:

C'est le règne du genre de gestionnaire que l'on qualifie d'«Excel Manager», grand amateur de chiffrier électronique. De récentes enquêtes (McKinsey Quarterly, juillet 2008) montrent que les directeurs exécutifs d'entreprises sont souvent d'anciens directeurs financiers. Ils sont choisis pour leur rigueur et principalement lorsque les enjeux sont financiers. Cependant, cette tendance complique la tâche des communicologues en ce sens qu'il est ardu de chiffrer ou de mettre dans une cellule de tableur les bénéfices escomptés d'une communication plus efficace.

Certes, certaines activités de communication permettront aux acteurs de mieux se connaître et ainsi de mieux travailler ensemble.

Pour discussion:

Quelle est la différence entre coopération, collaboration et coordination?

Ces activités de communication doivent viser, d'abord et avant tout, à aider chacun à comprendre ce que les autres attendent de lui dans la séquence des opérations de l'entreprise, et, ainsi éviter les pertes qui réduisent sa rentabilité, économique, politique ou sociale, en somme, à réduire l'impact de l'Énergie de Transformation, l'ET du flux énergétique de l'entreprise.

Pour référence :

« (une équipe est) …un ensemble de personnes dont la coopération très étroite est indispensable au maintien d'une définition donnée de la situation. C'est un groupe (…) avec une interaction ou une série d'interactions dans laquelle on maintient la définition adéquate de la situation, (…) en cachant ou en atténuant certains faits ».

(Irving Goffman, 1973, p. 102 et 103.)

Après avoir démontré le rôle de la communication interne dans la régulation du flux énergétique de l'entreprise, nous pouvons maintenant nous intéresser au flux d'énergie informationnelle, que nous avions temporairement mis de côté pour fins de démonstration. Ce flux implique des circuits et des réseaux dans lesquels il peut circuler. C'est à ceux-là que nous allons maintenant porter notre attention.

module 3

Étudier les réseaux
et les modèles

Nous parlerons des réseaux humains de personnes et de réseaux techniques composés de moyens et d'instruments de communication.

Pour référence :

« Un réseau est le terme utilisé pour parler d'unités ou de nœuds et des relations spécifiques entre celles ou ceux-ci. »

(Alba, 1982, p. 42.)

Les réseaux sont « les modes de contacts entre les partenaires d'une communication. Ces modes de contact sont créés par la transmission et l'échange de messages dans l'espace et dans le temps. »

(Monge et Contractor, 2001, p. 440.)

Dès lors, l'analyse d'un réseau consiste à décrire les relations existantes ou liens entre des entités identifiées, autrement appelées nœuds. Ces entités peuvent être des organisations ou des individus.

Seul un portrait adéquat de ces réseaux pourra permettre d'en évaluer le fonctionnement et la pertinence dans l'entreprise. C'est aussi une connaissance indispensable pour planifier une action de communication et, en cours de réflexion, de choisir les meilleures personnes et les meilleures techniques pour atteindre les objectifs.

Plusieurs auteurs invitent leurs lecteurs à multiplier les actions de communication. Nous recommandons plutôt de les réduire afin de prendre le temps de bien les planifier, d'économiser les ressources humaines et techniques disponibles, et d'augmenter la rentabilité organisationnelle de chacune de ces actions.

On prend pour acquis qu'une entreprise est traversée par de nombreux réseaux, un peu comme un territoire le serait par des réseaux de routes, de voies ferrées ou de télécommunication. Cela va du plus physiquement observable, tel un réseau d'aqueduc avec ses tuyaux souterrains aux plus intangibles comme les réseaux de télécommunication sans fil.

Analyser un réseau, c'est d'abord en faire un portrait pour identifier la source (ou les sources) de ce qui circule dans ce réseau. Puis, après un temps d'observation permettant au réseau de vivre, s'il y a lieu, des accidents ou des arythmies, on peut exprimer un jugement sur son état et sur son utilisation la plus appropriée.

LE MODÈLE COMPTABLE

Étant donné que les méthodes comptables sont devenues des enjeux d'entreprise, autant du point éthique que stratégique, il n'est pas étonnant de constater que le vocabulaire des experts dans ce domaine se soit imposé dans les discours et les pratiques des décideurs. Ainsi, on parle de l'audit de la communication, tel qu'on le fait pour les états financiers ou le fonctionnement d'un service.

On peut avoir une approche quantitative s'intéressant au nombre de messages qui circulent dans l'organisation et dans l'un ou l'autre des réseaux. À titre d'exemple, on pourra compter le nombre d'appels téléphoniques à un numéro réservé à l'information des employés, le nombre de personnes assistant aux cérémonies ou aux réunions périodiques, le nombre de courriels transitant par le serveur central… et les comparer à des barèmes prédéfinis et, variant selon les analystes, pour porter un jugement sur le degré d'efficacité des politiques de communication interne de l'entreprise, des programmes mis en place et sur la performance communicationnelle des différents acteurs.

On peut aussi avoir une approche qualitative et chercher à connaître la perception des acteurs face aux différents éléments décrits plus haut.

Même, selon cette approche, l'étape ultime de la procédure consiste à comparer ce que l'on a observé à ce qui devrait exister ou à ce qui était espéré (ex. le moyen de communication préféré) selon des normes importées de l'extérieur de l'entreprise à ce qui se pratique en réalité (ex. le moyen de communication le plus utilisé). Ces normes sont appliquées par des personnes dont l'expertise est, elle-même, validée par ces mêmes normes. Elles poussent les communicateurs à multiplier indûment leurs actions de communication pour satisfaire à des pratiques ou à des instruments dont elles font leur marque de commerce.

Pour discussion :

«Fad surfing : La pratique de chevaucher la vague de la toute dernière panacée de gestion, puis de pagayer pour revenir attendre la prochaine ; toujours absorbant pour les gestionnaires et lucratif pour les consultants ; fréquemment désastreux pour les organisations.» (n.t)

(Eileen C. Shapiro, 1995, p. xiii.)

LE MODÈLE MÉDICAL

Sans nier la valeur des pratiques d'audit, nous vous invitons plutôt à emprunter le modèle de la visite médicale qui sert de base au modèle d'intervention que nous proposons.

Nous allons d'abord faire l'examen des différents composants du réseau (chapitres 3 et 4) afin d'en faire un portrait le plus exact possible. Ensuite, nous poserons un diagnostic (chapitre 5) afin d'identifier les composantes qui ne remplissent plus, de façon maximale, leur rôle dans le réseau. Finalement, nous émettrons une prescription (chapitre 6) qui fera appel à des interventions plus ou moins sévères, allant des changements de comportements à l'ingestion de nouvelles procédures ou même à l'ablation d'une partie du réseau «malade».

Les trois termes – *examen, diagnostic et prescription* – sont très importants.

L'examen doit être complet. Il ne s'agit pas simplement de se limiter aux symptômes émergeant des conversations informelles ou des critiques associées à des insatisfactions ou à des frustrations qui n'ont rien à voir avec le fonctionnement des réseaux qui en sont les véhicules et non les causes.

Un examen complet doit avoir recours aux trois méthodes d'enquête que sont *l'observation, la documentation et l'interrogation* (les trois lettres O.D.I. composant un rappel sonore de l'audit comptable dont nous avons parlé plus haut).

Chacune de ces méthodes peut être dite « concentrée » ou « étalée » en fonction des objets que l'on veut étudier. Cela implique une réflexion préalable de la part de celui qui va les utiliser. Ou l'on observe, se documente ou interroge sur le fonctionnement d'un réseau sans aucune hypothèse de départ, en espérant entendre ou voir émerger les faiblesses ou les problèmes qu'il faudra corriger pour l'améliorer. Ou bien l'on émet l'hypothèse de la présence d'une faiblesse ou d'un problème et on cherche les indices de cette présence. Dans le premier cas, le diagnostic résulte d'une analyse des éléments recueillis ; dans l'autre, d'une validation de l'hypothèse qui a été à l'origine de l'enquête. Dans l'un, c'est l'examen de routine auquel on se livre périodiquement pour détecter les « petits » problèmes qui pourraient « grandir » et devenir « malins ». Dans l'autre, il y a déjà des symptômes qui causent de l'inconfort, de l'insatisfaction ou même de l'incapacité dans l'entreprise.

Il y a des symptômes d'inconfort quand les acteurs sont obligés d'augmenter leurs efforts pour maintenir leur niveau d'activité (productivité, rendement, satisfaction de la clientèle….). Si les causes de cet inconfort ne sont pas identifiées et résorbées à temps, elles peuvent produire des symptômes d'insatisfaction, alors que les acteurs constateront une baisse de leur niveau d'activité malgré les augmentations d'efforts consentis. Finalement, à force de voir baisser irrémédiablement leur niveau d'activité, les acteurs constateront leur incapacité à inverser cette tendance et abandonneront tout effort en ce sens.

Tel que mentionné plus haut, on peut procéder à un O.D.I. sans avoir identifié quelque symptôme que ce soit, à seule fin de détecter les signes avant-coureurs de ces symptômes. Pour procéder à cette détection, on doit s'inspirer de modèles théoriques (comme ceux que nous vous proposons), enrichis d'expériences pratiques, les deux fournissant un tamis conceptuel (au treillis plus ou moins serré) pour retenir ce que le communicologue considérera sans doute comme des «pépites» précieuses tirées des sables mouvants de la vie quotidienne de l'organisation.

Les modèles théoriques et les leçons des expériences pratiques doivent être encore plus mobilisés lorsqu'on démarre l'examen avec un symptôme bien identifié et une hypothèse quant à sa cause première. Certes, le communicologue doit se servir de son imagination et de son intuition (si l'on fait une différence entre les arts et les sciences de la communication), il n'en demeure pas moins que l'étude des communications demeure un art (avec son imagination et son intuition) aussi bien qu'une science, mais sa rigueur professionnelle l'oblige à rentabiliser les investissements en ressources humaines et matérielles nécessaires à son enquête. Et, comme pour le médecin, la progression d'un cancer communicationnel ne lui laisse pas nécessairement le temps de procéder à la validation de plusieurs hypothèses successives. Il ne veut pas tuer, par épuisement, son entreprise à force de lui faire dépenser des énergies dans l'intention de la soigner.

Bref, le recours aux méthodes O.D.I. pour réaliser un audit d'un réseau de communication dans une entreprise exige une attention particulière. On ne s'y improvise pas, puisqu'on risque d'introduire, dans le corps sain d'un réseau, des bactéries provenant des réseaux voisins ou de réseaux d'autres entreprises sous prétexte de vouloir pratiquer une médecine homéopathique. L'enquêteur peut se transformer en apprenti-sorcier, à force de multiplier les provocations à petites doses pour tenter de forcer l'apparition de symptômes ou la validation de ses hypothèses.

L'audit ne peut se pratiquer sans s'être muni des instruments appropriés, c'est-à-dire une connaissance suffisante des règles de l'observation (active ou passive), de la documentation (analyse de contenu appropriée à différentes sortes de documents) et de l'interrogation (entrevue dirigée, semi-dirigée, «focus group», sondage)

Une fois l'examen réalisé, on peut procéder au diagnostic. Ce dernier est la suite logique du premier puisqu'il table sur ses résultats.

Il ne s'agit pas, comme dans l'audit, de comparer le fonctionnement d'un réseau à des normes extérieures, mais bien de retenir les signes de dysfonctionnement rencontrés au cours de l'examen. Après avoir bien identifié les causes de ces signes, on prépare une prescription qui permettra d'améliorer le réseau ou de corriger la maladie qui l'handicape présentement et qui risque, dans un certain temps, d'empoisonner la vie de l'entreprise.

LE MODÈLE SYSTÉMIQUE

Le modèle systémique nous a appris qu'un objet d'étude est un système composé d'un ensemble de sous-systèmes s'ajustant les uns par rapport aux autres afin de maintenir l'état (l'homéostasie) de l'ensemble. Ce système fait partie, lui-même, d'un macro-système au sein duquel il doit s'ajuster à d'autres systèmes, devenus des «sous-systèmes» de ce (macro) système.

À titre d'exemple, on pourrait considérer une automobile comme le système qui fait l'objet de l'étude. Ce système est composé de sous-systèmes tels le bloc-moteur, les freins… et fait partie du macro-système de la circulation automobile, mais on pourrait tout aussi bien prendre le bloc-moteur pour objet d'étude. Il serait composé de sous-systèmes : les bougies, les bielles et ferait partie d'un macro-système qui serait l'automobile. C'est une question de point de vue ! On ne doit jamais oublier que le réseau que nous étudions et évaluons fait partie d'un ensemble. Certes, pour les fins de l'examen, on peut le considérer comme étant «seul au monde». Or, on sait bien que chacun des réseaux que nous analyserons fait partie d'un macro-système de réseaux avec lesquels il procède à des ajustements pour maintenir l'état de l'entreprise comme système. On ne peut ignorer cette interdépendance, même si, pour l'examen du réseau, on crée, autour de lui, un champ opératoire qui l'isole temporairement des autres systèmes.

A

LES RÉSEAUX HUMAINS DE COMMUNICATION

Les trois rôles et les trois personnages

Quand on parle de réseaux humains, c'est pour signaler les liens qui existent entre les acteurs de l'organisation. Ces liens favorisent la circulation de la communication et dépendent de cette même communication pour leur existence. Ils sont dans une relation bipolaire de fournisseur et de client avec la communication. Ils donnent à la communication les occasions et les contextes de sa réalisation. Mais ces liens sont aussi ses clients puisqu'ils ne sauraient exister sans la communication qui permet aux acteurs de les construire et de les maintenir.

Pour analyser et planifier la circulation de la communication dans une entreprise, il faut d'abord faire un portrait de ces liens, c'est-à-dire les réseaux qu'ils créent. Ces réseaux sont de différentes natures. Celles-ci ont un effet sur le genre et la portée des messages qui sont véhiculés.

Nous verrons que, dans les Réseaux Humains de l'entreprise, les acteurs peuvent jouer des rôles d'émetteur et de récepteur et que chacun de ces rôles implique trois personnages assumés par le même rôle ou distribués entre différents acteurs.

Tous les acteurs de l'entreprise se retrouvent dans chacun des portraits que nous vous proposerons. Ils peuvent y être – selon le vocabulaire traditionnel de la communication – émetteurs ou récepteurs des messages, car ils sont tous des « êtres communicants ». Quand nous avons signalé que certains d'entre eux, les cadres, étaient des « communicateurs », c'était pour insister sur le fait que leurs responsabilités impliquaient, d'office, l'obligation de communiquer. Cependant, ce mandat, associé à leur tâche, n'implique aucunement que les autres acteurs ne peuvent communiquer. Au contraire! Nous allons maintenant détailler le triple rôle des acteurs : émetteur, récepteur, et ré-émetteur.

L'ÉMETTEUR (E) : mandant, mandataire, mandaté

Si chacun des acteurs émet des messages, il est important de rappeler qu'il assume, de ce fait, trois personnages différents et que l'interprétation de ces personnages peut – comme nous le verrons dans la visite des réseaux techniques – être partagée avec d'autres acteurs ou même leur être confiée complètement.

Si le schéma classique est :

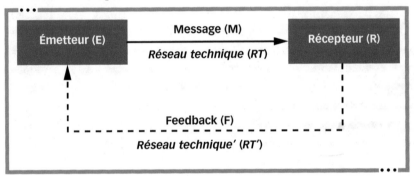

Figure 1: Schéma classique de la communication

Ce E devrait être qualifié par un facteur 3 (E3), car l'Émetteur est à la fois un mandant, un mandataire et un mandaté.

Mandant, il définit le message à émettre. Mandataire, il choisit le Réseau Technique (RT) le mieux adapté à ce message, en vertu des caractéristiques de ce RT et des habitudes de l'entreprise. Mandaté, il possède la compétence nécessaire à l'exécution du message dans le RT choisi par le mandataire (nous traiterons du feedback et du choix du RT plus tard).

Insistons sur le fait que l'Émetteur peut interpréter les trois personnages. C'est ce que nous faisons habituellement dans nos communications routinières. Toutefois, dans l'entreprise, la présence de spécialistes (professionnels ou techniciens de la communication) ou le recours habituel à ceux-ci, fera que l'émetteur se contentera de jouer le personnage de mandant et confiera à d'autres ceux de mandataire et de mandaté. Par exemple, une PDG qui veut émettre un message à l'ensemble de ses employés pourra demander à son responsable des communications (qu'il en ait le titre et que cela fasse partie des ses responsabilités regroupées sous un autre titre) de choisir le meilleur Réseau Technique pour le faire. Si ce dernier choisit d'envoyer un communiqué à tous les employés, il peut confier à un rédacteur ou un graphiste le soin de produire le document. Cela nous amènera à découvrir, dans la visite des Réseaux Techniques, les personnes qui jouent ainsi des rôles d'agents à ce niveau.

LE RÉCEPTEUR (R) : destinataire, décodeur, interprète

Le récepteur du message pourra, lui aussi, être enrichi d'un facteur 3 (R3), car il est, à la fois, destinataire, décodeur et interprète.

Destinataire, il impose au mandataire la préoccupation de choisir un Réseau Humain ou un Réseau Technique qui pourra le rejoindre. Ce dernier se demandera, par exemple, si la réunion est le meilleur RT pour atteindre des récepteurs qui n'ont pas les mêmes horaires de travail, ou si les supérieurs immédiats auxquels on pense avoir recours ont la crédibilité et la compétence communicationnelle qui permettront de véhiculer le message en respectant le calendrier et la portée souhaités. Vont-ils pouvoir rencontrer, dans un cadre adapté au contenu du message, tous leurs employés selon l'échéancier prévu par le mandant ? Si l'on tient à utiliser le réseau hiérarchique (voir plus loin), ne risque-t-on pas de subir les effets d'un calendrier décalé menant à une circulation improvisée et partielle du message par d'autres réseaux ? En vertu du principe selon lequel «l'information a horreur du vide», le message n'attendra pas la disponibilité de toutes les réunions pour «couler», de façon plus ou moins complète (selon le désir du mandant) et plus ou moins polluée (selon les paramètres définis par ce dernier) à travers l'entreprise.

Décodeur, il doit pouvoir «décoder» le langage (verbal ou écrit) utilisé.

Pour illustration :

«Afin d'implémenter notre nouvelle base de données clients informatisée, j'aurais besoin d'un schéma entité/association qui identifie les objets fonctionnels et qui fait ressortir les cardinalités ainsi que l'intégralité référentielle. La meilleure solution étant, à mon avis, d'utiliser la technique des primitives ascendantes. »

(http://www.techno-science.net/ ?onglet=glossaire
&definition=4201)

Lors de cette communication verticale, les employés ne pourront pas comprendre le manager s'ils ne sont pas initiés aux termes spécifiques du langage technique de l'informatique. Le langage devient une barrière à ma communication de groupe car les employés sont susceptibles de ne pas comprendre les tenants et aboutissants du message. Le manager se verra alors contraint à vulgariser ce langage en vue de faciliter la compréhension des employés.

(Loïc Delvosal, Travail dans le cadre du cours d'introduction
à la communication des entreprises, ULB, 2008.)

Le mandataire doit connaître les compétences des récepteurs face à ces codes, et le mandaté, utiliser un code susceptible d'être compris par eux. À titre d'exemple, les gestionnaires peuvent employer des termes hérités de leur formation ou de leur pratique administrative, qui ne sont pas compris par les récepteurs ne partageant ni cette formation ni cette pratique. Les justifications comptables ou boursières d'une décision semblent peut-être évidentes pour ceux qui les ont évaluées, mais elles peuvent être totalement incompréhensibles pour ceux que l'on veut convaincre de leur valeur.

Interprète, le récepteur replace le message dans le contexte des habitudes et de l'histoire de son entreprise ou dans ceux du milieu de travail ou de vie dans lesquels ils fonctionnent. Le Réseau Humain ou le Réseau Technique choisi par le mandataire est-il, habituellement, utilisé pour ce genre de messages ? Le récepteur va lui attribuer l'importance accordée aux messages véhiculés, dans le passé, par ce Réseau. Le vocabulaire fait-il référence, dans l'esprit du récepteur, à des connotations héritées d'autres expériences internes ou externes à l'entreprise ? Le mot « convergence » des activités, associé à l'annonce d'une fusion ou d'une acquisition, est-il interprété de la même façon par tous les acteurs ? Les gestionnaires y voient, peut-être, un enrichissement de l'offre aux marchés ; les employés, à une rationalisation des ressources humaines menant à des mises à pied.

Pour référence :

L'interprétation et l'acceptation du message seront différentes si le message est en consonance (en harmonie) ou en dissonance avec les représentations sociales du récepteur. La notion de représentation sociale comme : « un cadre stable et socialement partagé de connaissances et d'idées que les agents élaborent pour donner un sens à leur environnement. La notion de dissonance correspond à l'inconfort expérimenté lorsque des agents perçoivent une contradiction entre leurs croyances, leurs attitudes, ou leurs actions.

(Emannuelle Vaast et Geoff Walsham, 2005, p. 69-71.)

LE RÉ-ÉMETTEUR (RE) : principal acteur des réseaux

Ce qui nous intéresse, dans cet ouvrage, ce n'est pas d'abord l'émission ou la réception des messages, mais bien leur circulation dans l'entreprise. C'est pourquoi nous parlons de « réseaux ».

Comme nous parlons de circulation et de réseaux, nous ajoutons un troisième rôle à ceux de Récepteur et d'Émetteur mis en scène dans la représentation classique de la communication. C'est celui de Ré-Émetteur (RE).

Les heureux hasards de la langue nous offrent la possibilité de montrer que ce rôle de Ré-Émetteur (RE) implique à la fois les personnages de Récepteur (R) et d'Émetteur (E) avec tous les personnages associés à chacun de ces deux rôles. Notre visite des Réseaux Humains s'intéressera à ces Ré-Émetteurs appelés à jouer ce rôle selon les différentes architectures de ces réseaux. C'est leur façon de le faire et de le justifier qui assurera le développement durable de ces réseaux.

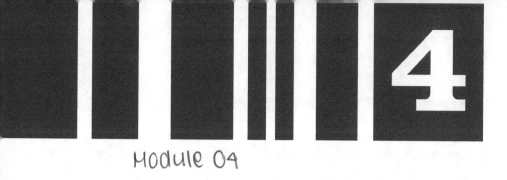

L'examen des
réseaux humains

Chacun des acteurs entre dans des relations de communication avec d'autres. Chacune de ses relations forme un circuit de communication dans lequel les mêmes individus sont tour à tour émetteurs et récepteurs. Ces circuits peuvent aussi former des réseaux dans lesquels le récepteur de l'un devient le ré-émetteur de l'autre.

Par exemple, le chef d'atelier est en circuit de communication avec le responsable de la production (C1). L'entreprise s'attend à ce que le chef puisse ré-mettre vers ses employés les messages reçus du responsable lorsqu'ils sont accompagnés d'un mandat de diffusion (C2). On peut dire que les deux circuits (C1 et C2) forment déjà un réseau.

L'entreprise est donc traversée par de nombreux réseaux de communication, impliquant au moins deux circuits. Il est important de pouvoir en faire le portrait pour recueillir les éléments permettant d'émettre un diagnostic et une prescription, s'il y a lieu. Ce portrait permet aussi au communicateur de choisir le réseau dont les différents circuits impliquent les acteurs (dans leurs triples rôles) les mieux équipés pour diffuser son message.

Nous proposons trois portraits. Chacun regroupe les réseaux dont les circuits émergents d'une raison particulière : l'autorité hiérarchique, les opérations et les liens sociaux.

Les études de gestion parlent d'«organigrammes», c'est-à-dire une représentation graphique de la distribution des autorités et des responsabilités dans l'organisation. Cependant, l'organigramme est une instance particulière des liens reliant les membres de l'organisation. Le mot «graphe» réfère à une représentation graphique de l'organisation des circuits par lesquels circule l'objet de l'étude. Nous pourrions, alors, parler de « communicographes ». Nous sommes conscients que ce terme paraîtra un peu « exotique ». Mais, d'un point de vue sémantique, il correspond à une réalité : faire un portrait de la communication dans l'entreprise.

En fait, nous avons besoin de plusieurs « communicographes » : l'autorigraphe, l'opéragraphe, et le personnigraphe. Avant de les détailler, nous introduirons un ensemble de concepts basés sur la théorie des graphes et l'analyse des réseaux sociaux permettant de les représenter de façon standardisée. Les concepts clés du réseau sont : la représentation conventionnelle, les caractéristiques des liens, les positions au sein du réseau, et les indices de mesure (voir figure 2)

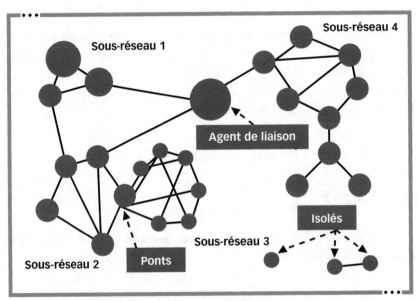

Figure 2 : Représentation des éléments du réseau

Il existe des conventions pour représenter les réseaux sociaux de façon systématique : les cercles représentent des nœuds, dans notre cas des individus, et les lignes symbolisent des liens entre eux. Un circuit se compose de deux nœuds et du lien qui les lie. Un sous-réseau ou un groupe est un sous-ensemble d'individus reliés entre eux par des liens dont la nature est définie par l'analyste.

Les liens

Le lien est l'unité d'analyse du réseau social (sans lien, il n'y a pas de réseau). On distingue les liens en fonction du type d'échange qui prend place entre deux participants : un lien d'amitié, d'autorité, d'information ou encore de production (c'est-à-dire un arrangement dans lequel une personne a convenu avec une autre de produire une partie d'un travail qui permettra à cette dernière de continuer).

Les positions

Même si les liens sont les plus importants, les individus vont jouer un rôle différent dans la communication de réseau en fonction de leur position (Stohl, p. 37-39, voir figure).

1. *L'isolé* est celui qui a un très faible niveau de connectivité. Les recherches montrent que les agents isolés sont souvent plus insatisfaits dans leur travail et sont peu ouverts aux partages d'information (Roberts et O'Reilly, 1979).

2. *L'agent de liaison* est un des rôles les plus importants (Johnson, 1993. p. 47-51). L'agent de liaison lie deux ou plusieurs sous-réseaux entre eux sans être membre d'un de ces sous-réseaux. Il assure la coordination au sein de l'organisation. Dans une entreprise, un agent de liaison sera, peut-être, le responsable du planning chargé de la gestion des ressources entre les différentes équipes projets. Malgré leur importance, les agents de liaisons sont rares. Plusieurs qualités sont nécessaires pour être un agent de liaison :

   a. L'ouverture, c'est-à-dire accepter tout type d'information avec impartialité.

   b. La connaissance, car il doit être capable de comprendre différents types d'informations parfois très techniques, en particulier entre les utilisateurs et les développeurs d'une application.

   c. Une volonté de coordination.

   d. Une capacité de contrôle.

   Cette position est aussi une source importante de pouvoir.

3. *Les ponts* ont les mêmes propriétés que les agents de liaisons à ceci près qu'ils appartiennent à plusieurs sous-réseaux. Un pont est, par exemple, un manager responsable de la gestion de plusieurs projets.

Dans notre cadre d'analyse, la détection des agents de liaisons et de ponts aidera à identifier nos fameux ré-émetteurs de message.

Les indices

Plusieurs indices, généralement mathématiques, ont été développés pour analyser les réseaux. Un certain nombre d'entre eux est repris dans un article de Brass de 1995.

1. Des indices permettent d'analyser la force d'un lien. Pour mesurer celle-ci, on utilise la fréquence et la durée des contacts entre deux individus.

2. D'autres indices permettent d'analyser le positionnement des individus.

Pour mesurer la centralité dans le réseau, on utilise trois indices :

- les degrés : le nombre de liens directs avec d'autres acteurs. Plus on a de liens directs, plus on est central.

- la proximité : la propension à joindre rapidement et directement les autres acteurs du réseau.

- l'intermédiarité : le nombre de liaisons dans lesquelles l'individu joue le rôle d'intermédiaire.

3. Les indices « d'atteignabilité » (reachability) indiquent la facilité avec laquelle un message peut passer d'un nœud à un autre au sein du réseau : on mesure pour ce faire le nombre maximal de liens entre deux acteurs.

4. L'indice de connectivité est utilisé pour identifier les circuits au sein des réseaux. La connectivité est mesurée en fonction du nombre d'acteurs dont l'extraction ne permettrait pas au groupe ou sous-réseau de rester connecté ou réduirait celui-ci à une seule personne.

Ces concepts et ces conventions de représentation sont utilisés pour représenter les réseaux de différents types.

LES RÉSEAUX D'AUTORITÉ

Le premier rejoint celui des gestionnaires. Même si nous préférerions parler de « responsabilité » plutôt que d'autorité, nous utiliserons le terme « autorigraphe », car ce portrait est effectivement basé sur la distribution de l'autorité formelle (la nature du lien) dans l'entreprise (rappelez-vous la chaine de commande de Fayol). Certes, cette autorité dépend de plusieurs facteurs, liés aux conventions collectives de travail ou aux ententes particulières négociées lors de l'entrée d'un nouvel acteur dans l'entreprise, mais elle reste l'instrument privilégié des gestionnaires pour représenter le fonctionnement de leur entreprise.

Certains confondent cet « autorigraphe » avec l'organigramme, chargé de représenter la distribution des filières d'activités. Tandis que l'autorigraphe est inspiré des méthodes de représentation hiérarchique développées dans des contextes de guerre. La structure arborescente permet à chacun des acteurs (soldats) d'avoir toujours un supérieur immédiat. Si celui-ci disparait (de façon plutôt dramatique dans le contexte d'un combat sanglant), l'acteur saura toujours se référer à un supérieur hiérarchique (le supérieur de son supérieur) pour recevoir ses « ordres » de combat.

Cet autorigraphe est composé des postes de chacun des acteurs. Il ne se réfère pas aux noms des titulaires qui peuvent toujours changer. Dans notre exemple, la disparition du supérieur du soldat n'implique pas la disparition du poste de supérieur. Cette fonction sera remplie par une personne désignée lors du retour de campagne. Du point de vue des communications, il garantit un lien constant pour la ré-émission des messages provenant d'un niveau supérieur ou destiné à ce niveau à partir d'une observation des acteurs de terrain.

Pour illustration :

La figure suivante représente l'autorigraphe d'une petite chaîne de magasins.

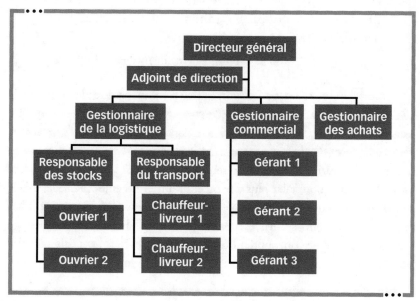

Figure 3 : Exemple d'autorigraphe

La distribution témoigne de l'histoire de l'entreprise, en ce que ses filières représentent soit la division du travail développée depuis sa fondation soit les ajouts, plus ou moins intégrés, en cours de route. On y trouve des filières inspirées du projet initial (production, distribution…) ou de son expansion (zones d'activités, développements de produits, acquisition d'usines…).

Pour la communication, cet autorigraphe assure une circulation officielle des messages, d'un supérieur à l'autre. Dans un circuit, chacun des acteurs peut être un émetteur (E) ou un récepteur (R), qu'il soit cadre ou non. Dans ce portrait, basé sur la hiérarchie, seul un supérieur peut jouer le rôle de ré-metteur vers ceux qui dépendent de lui ou vers celui dont il dépend. C'est dans le circuit qu'il partage avec son supérieur qu'il reçoit un message de celui-ci ou lui en transmet un reçu de ses employés. C'est dans l'autre circuit qui le lie à ses employés qu'il va pouvoir transmettre le message de son supérieur ou recevoir celui que ses employés souhaitent le voir transmettre à ce supérieur. Les deux circuits sont en réseau, le cadre servant de pont entre les deux.

Pour discussion :

«C'est alors le début du jeu de l'ascenseur dans les niveaux hiérarchiques. Ça monte jusqu'en haut pour obtenir l'autorisation, puis ça redescend.»

(Sonia Sylvain, L'Actualité médicale, 25/06/08.)

L'autorigraphe est un peu comme l'œuvre d'un peintre de cour. Il expose une image idéale du fonctionnement de l'entreprise. Il sert de modèle auquel on se réfère en cas de turbulence dans les activités ou d'incertitude dans l'attribution ou la reconnaissance des responsabilités. S'il était une carte routière, on pourrait dire qu'il présente les grands axes de circulation. Or, on sait bien que, pour aller plus vite ou contourner un embouteillage, il faut connaître l'existence des petites voies de contournement ou de service. Elles sont peut-être moins sécurisées ; leur balisage plus aléatoire ; leur éclairage moins systématique, on apprend à les reconnaître et à les utiliser en les fréquentant d'abord par hasard, puis par choix et, quelquefois, par obligation.

Ces portraits des routes secondaires de la communication identifient les réseaux opérationnels (« opéragraphe ») et les réseaux personnels (« personnigraphe ».)

LES RÉSEAUX OPÉRATIONNELS

Nous appelons «opéragraphe» le portrait des réseaux opérationnels, c'est-à-dire ceux qui se créent entre des acteurs qui «se fréquentent» au cours de leurs opérations régulières. Ces contacts sont des occasions d'échange de messages, chacun devenant à tour de rôle, et selon les besoins, émetteur et récepteur.

La chaîne de livraison est un bon exemple d'opéragraphe. Le chauffeur d'un camion qui fait, à partir d'un entrepôt central, des livraisons régulières aux boutiques d'une chaîne, peut développer des relations opérationnelles avec les gérants ou les employés de ces boutiques. Il peut transporter des informations provenant du siège social, ou en rapporter, en plus des marchandises qui font l'objet de sa tournée. Cela s'inscrit dans le portrait des relations opérationnelles parce que les différents acteurs ne font pas partie de la même filière dans le portrait des relations d'autorité. Il en va de même pour l'employée d'un comptoir de service qui communique régulièrement avec celui de l'entrepôt pour connaître la disponibilité d'une pièce de rechange.

Pour illustration :

La figure suivante représente le flux communicationnel de la chaîne de livraison.

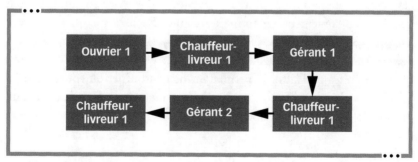

Figure 4 : Exemple de flux communicationnel permettant la composition d'un opéragraphe

Pour discussion :

Nous invitons le lecteur a expérimenté une transposition de ce flux communication dans un calque d'opéragraphe sur l'autorigraphe présenté plus haut.

La communication le long d'un processus décrivant une activité est essentielle au bon fonctionnement de l'entreprise. Elle est journalière et peut s'avérer intense en cas de problème (à la livraison ou à la production). Dès lors, les moyens de communication doivent être au point et la chaîne de communication des personnes responsables doit être établie et communiquée (coordonnées, back-up, etc.) à l'ensemble des personnes liées par le processus.

Comme nous nous intéressons à la circulation des messages, c'est surtout leur rôle de ré-metteur que cet opéragraphe veut mettre de l'avant. Telles les voies alternatives de la carte routière, ces liens peuvent expliquer le cheminement imprévu d'une information que l'on aurait souhaité distribuer d'une autre façon et selon un autre calendrier. Dans notre exemple, si le chauffeur et le gérant discutent, ils ne limiteront pas nécessairement leurs échanges à la raison immédiate de la communication (livraison). Ou encore, on peut en explorer et en utiliser les possibilités pour contourner, dans un réseau d'autorité, un ré-emetteur présentant des symptômes de dysfonctionnement dans la réception et l'émission du message qu'il doit transmettre. En exemple, si deux chefs de départements sont en froid, il sera plus aisé de faire passer une information vers un collègue de manière horizontale via l'opéragraphe qu'ils sollicitent au jour le jour.

Pour servir d'indicateurs au communicateur ou au communicologue, ces réseaux opérationnels sont représentés sur le réseau d'autorités par des traits de couleur ou de forme différente. En principe, ils ne doivent pas recouper les circuits de réseaux d'autorité, puisque, dans ces cas, on a déjà un cheminement existant pour faire circuler les messages. Ils croisent, plutôt, les réseaux d'autorité permettant de contourner ou court-circuiter ces réseaux en cas de blocage ou de ralentissement attendus à la suite d'un diagnostic posé sur ces derniers. Nous verrons plus loin en quoi consiste ce diagnostic.

LES RÉSEAUX PERSONNELS

D'autres voies alternatives aux réseaux d'autorité sont construites sur la base des relations personnelles existant entre des acteurs de l'organisation. Nous parlons alors d'un portrait appelé «personnigraphe».

Ces relations personnelles se sont développées en dehors des activités de l'entreprise, bien qu'elles puissent s'être développées dans le cadre de ces activités. Ces relations provoquent des occasions de communication. Des acteurs peuvent être parents et se retrouver périodiquement autour d'une table. Ils sont conjoints ou amants et se retrouvent… Ils pratiquent les mêmes sports ou les mêmes loisirs à des moments et dans des lieux où il ne leur est pas interdit de parler d'une autre chose qu'ils ont en commun : l'entreprise.

Pour illustration :

Voici, le personnigraphe des membres de la chaîne de magasin.

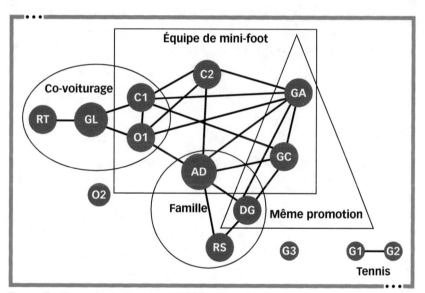

Figure 5 : Exemple de personnigraphe

Pour discussion :

Quelles leçons tirez-vous de la comparaison des trois graphes ?

Les circuits de relations personnelles sont, eux aussi, représentés sur le portrait des relations d'autorité par des lignes de couleur ou de forme différente. Il devient pertinent de les identifier afin d'expliquer ou de provoquer le cheminement particulier d'un message.

Certes la « carte routière » de ces réseaux personnels demeure un instrument qu'il faut manipuler avec discrétion. Il ne s'agit pas d'un document public, comme peuvent l'être l'autorigraphe ou, à la limite, l'opéragraphe. Il offre un recours ultime au communicateur ou au communicologue qui a épuisé les ressources de l'autorigraphe. Cependant, on ne peut nier qu'il leur offre parfois des réponses à des questions et à des besoins que le statut « officiel » et public de ce portrait ne peut leur fournir.

Pour discussion :

« Jusqu'à récemment, votre métier vous déterminait presque totalement. C'est révolu. Aujourd'hui, chacun définit son identité avec une foule d'indices : ses origines, sa pratique sexuelle et surtout ses loisirs. Le hobby est devenu un temps intense de vie, où jaillit la créativité. »

(Jean Viard, LEXPRESS.fr, 02/02/07.)

EN RÉSUMÉ :

- L'autorigraphe : les liens hiérarchiques d'autorité
- L'opéragraphe : les liens opérationnels au quotidien
- Le personnigraphe : les liens sociaux des personnes.

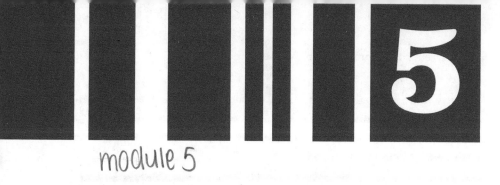

module 5

Le diagnostic des réseaux humains (le modèle électrique)

En possession des portraits des différents réseaux humains, on peut évaluer leur efficacité en posant un diagnostic sur la façon dont les différents acteurs qui les composent jouent leurs rôles d'émetteurs, de récepteurs ou de ré-émetteurs. Ainsi, on peut procéder à l'amélioration d'un réseau ou à la sélection de celui par lequel les membres pourront le mieux assurer la circulation d'un message particulier.

Quels sont les symptômes à observer pour porter un tel diagnostic? Nous allons les trouver dans le modèle électrique des jeux de pouvoir.

LE MODÈLE ÉLECTRIQUE

Les théoriciens ont développé plusieurs modèles pour décrire l'action de communication. Cela va du modèle hypodermique où le message serait inoculé au récepteur par un média au modèle du récepteur actif dont les acquis moduleraient l'acceptation et l'interprétation du message proposé. Les uns s'intéressent aux motivations de l'émetteur ou du récepteur; les autres, au fonctionnement du support de la communication.

Plusieurs de ces modèles empruntent des éléments aux domaines de la physique, comme les concepts de stress ou de résistance. Nous utiliserons, quant à nous, un modèle électrique. Plus particulièrement, nous nous intéresserons à la loi d'Ohm selon laquelle:

l'intensité (I) d'un courant électrique dépend de la tension (voltage) émise et de la résistance opposée au passage de ce courant électrique. $I = E/R$

Dans notre analogie communicationnelle, l'intensité du message va dépendre de la tension appliquée par l'émetteur et du degré de résistance opposée au message par le récepteur, les deux aspects – ou symptômes – étant conjugués par le ré-metteur.

I (du message) = E (tension de l'émetteur) modulée R (la résistance du relai)

Dans une entreprise, une bonne partie des messages circule dans un seul des circuits d'un réseau, de l'émetteur au récepteur. Toutefois, une autre partie de ces messages doit être transmise par des ré-émetteurs impliquant plusieurs circuits, tel le message provenant de la direction du personnel et devant être transmise par les cadres (ceux que nous avons appelés les «communicateurs».) Ce sont les ré-émetteurs qui peuvent, ou non, ralentir ou bloquer cette transmission, en opposant une résistance à la réception du message qu'on leur demande de ré-mettre ou en ré-émettant, en utilisant un pouvoir totalement dysfonctionnel.

Voyons maintenant ce que nous entendons par tension et résistance dans la communication.

LES JEUX DE POUVOIRS DE L'ÉMETTEUR

Dans une pile électrique, la borne négative possède un excès d'électrons alors que ces électrons sont en défaut à la borne positive. Entre les deux bornes P et N de la pile, il existe donc une différence de potentiel ; ce qui crée la tension électrique.

Où se trouve cette différence dans l'action de communication ?

C'est ici qu'interviennent les jeux de pouvoir initiés par l'émetteur. Précisons tout de suite que nous utilisons le terme «pouvoir» dans le sens de «capacité de faire faire à quelqu'un ce qu'il ne ferait pas autrement». Il s'agit donc d'une situation ponctuelle liée à cette action de communication, et non d'un pouvoir institutionnalisé exercé à travers l'entreprise et présenté dans un réseau hiérarchique. (Nous verrons que le poste occupé dans un réseau hiérarchique peut soutenir une sorte de pouvoir, mais aussi qu'un tel poste n'implique pas nécessairement cette sorte de pouvoir). Nous sommes donc loin des pouvoirs de types rationnels ou charismatiques décrits par Karl Weber, même si ces derniers peuvent générer des relations de pouvoir appliqués à des actions de communication. Nous nous intéresserons à des relations de pouvoirs dépendant, très précisément, du contexte dans lequel a lieu la communication. Évidemment, ce contexte ponctuel est, aussi, marqué par l'exercice, sur un plus long terme, d'un pouvoir plus essentiel.

Nous nous inscrivons plutôt dans la foulée de la dyade indice et ordre décrite par l'École de Palo Alto. L'indice y est le contenu du message et l'ordre, ce qui enveloppe le message.

Où se situe cette relation de pouvoir qui crée la tension communicationnelle, facteur d'intensité et d'efficacité du message?

TROIS POSTULATS

Notre premier postulat est le suivant: toute action de communication cherche à provoquer un changement chez le récepteur. Cela peut se situer au niveau des Connaissances, des Attitudes ou des Pratiques (Nous reviendrons plus loin sur ce trinôme C.A.P.au chapitre 6.) Même l'action de communication en apparence la plus anodine se situe dans ce contexte. À titre d'exemple: si, après vous avoir croisé, la veille, durant une cérémonie, je vous reconnais sur la rue et je vous salue, j'appelle (même de façon inconsciente) des changements chez vous. D'abord, un changement de connaissance: vous apprenez que j'ai accordé une certaine importance à notre rencontre de la veille. Votre attitude envers moi peut changer: alors que vous n'aviez accordé aucune importance à notre rencontre, vous découvrez qu'elle pourrait avoir une suite. Votre pratique s'en trouve ainsi modifiée: vous vous rendiez, d'un bon pas, à un rendez-vous et voilà que vous vous arrêtez, quelques instants, pour me parler.

Il n'est sûrement pas nécessaire de multiplier les exemples pour démontrer que les actions de communication, dans une entreprise, entraînent des changements encore plus importants, que ce soit pour des modifications de pratiques de travail ou la réorganisation des structures d'opérations.

Notre deuxième postulat concerne le risque impliqué par le changement. Ce dernier est associé, du moins temporairement, à une remise en question des habitudes, de l'expertise et même de contrôle de son environnement chez celui qui est appelé à accepter le changement. Les bénéfices annoncés ou espérés dans la foulée du changement ne seront validés qu'après sa réalisation. De même, les efforts exigés pour procéder au changement ne seront véritablement connus qu'après les avoir assumés.

Il y a donc une sorte d'hypothèse à laquelle est soumis celui qui reçoit la communication et qui est invité à pratiquer le changement. Qu'est-ce qui va le convaincre d'accepter cette hypothèse ? C'est ici que nous parlons du jeu des pouvoirs.

L'émetteur devra démontrer au récepteur qu'il a un pouvoir plus grand que le sien dans le cadre de cette action de communication et que ce pouvoir rend cette hypothèse plus crédible ou plus acceptable.

Il y aurait trois sortes de pouvoir en jeu : le pouvoir physique, matériel, et d'expert.

Le pouvoir physique repose sur la capacité d'imposer le changement par la force physique. On pourrait croire qu'un tel recours soit en voie de disparition dans nos entreprises. Pourtant, on le retrouve dans plusieurs conflits de travail et dans les épiphénomènes de violences sauvages (on dit alors qu'un employé «a pété les plombs»).

> ### Pour illustration :
>
> Il suffit de voir les vidéos sur les dérapages des employés en entreprise pour comprendre que la violence physique n'a pas quitté les entreprises.
>
> (http://fr.youtube.com/watch?v=3p_fOuCgcTg)
> (accédée le 03/07/08.)

Le pouvoir matériel s'inscrit dans le contrôle des ressources, allant de la menace de congédiement à l'offre de promotion ou de l'augmentation de la rémunération. Cela touche aussi aux ressources disponibles pour un projet ou aux avantages marginaux d'un emploi comme l'espace de bureau ou la délégation à des colloques, congrès ou séminaires de formation. C'est cette sorte de pouvoir qui peut être associée au poste occupé dans l'autorigraphe.

Le pouvoir d'expert est le plus complexe à gérer. Il reconnaît un plus grand degré de connaissance ou d'expérience dans la matière faisant l'objet du changement. Il est fragile et peut constamment être remis en question.

Ces pouvoirs peuvent être attachés à la personne (PAP) ou à la tâche (PAT). Par exemple, le pouvoir physique attaché à la personne reconnaît à celle-ci la capacité personnelle de l'imposer. Celui qui serait attaché à la tâche donnerait à son détenteur, chef d'un groupe armé, la possibilité d'utiliser ses gardes, ses agents ou ses soldats pour l'imposer. Le pouvoir matériel attaché à la personne appartiendrait au propriétaire de l'entreprise alors que celui attaché à la tâche permettrait au gérant, au contremaître de l'exercer. Le pouvoir d'expert attaché à une personne serait validé par un diplôme ou une expérience reconnue avant son arrivée dans l'entreprise, alors que le pouvoir d'expert attaché à la tâche viendrait plutôt de l'expérience issue de l'exercice de la tâche touchée par le changement demandé.

On constate, par ces définitions, que la communication allant d'un employé à son supérieur table presque exclusivement sur le pouvoir d'expert. (Certes, les violences commises par des employés frustrés, faisant périodiquement les manchettes des médias, relèvent d'un pouvoir physique. Mais elles ne sauraient, évidemment, être la norme dans les entreprises!). On y trouve les occasions de négociation entre le pouvoir attaché à la personne et celui attaché à la tâche.

Pour illustration :

Le nouveau contremaître de l'usine s'appuie sur le pouvoir d'expert attaché à la personne, conféré par son diplôme d'ingénieur. Il peut être confronté au pouvoir d'expert attaché à la tâche des employés qui opèrent les machines depuis de nombreuses années.

C'est d'ailleurs sur ce pouvoir d'expert attaché à la tâche que tablent plusieurs méthodes d'implication des employés dans l'amélioration des processus en entreprise.

LA NÉGOCIATION DES POUVOIRS ET LEUR DYSFONCTION

Tout en reconnaissant que ces pouvoirs restent soumis à leur acceptabilité dans le cadre de l'entreprise, nous nous y attachons parce qu'ils font l'objet d'une négociation, souvent implicite il est vrai, dans chaque action de communication. Il se peut que le pouvoir invoqué par l'émetteur ne soit pas reconnu par le récepteur. Il devra alors avoir recours à un autre pouvoir pour aboutir à ses fins jusqu'à ce qu'on en arrive à la reconnaissance d'une différence de potentiel entre les deux « bornes » de la pile communicationnelle. L'intensité de cette différence assure la tension dont dépend l'efficacité du message consistant à obtenir les changements souhaités.

Les symptômes de dysfonction apparaîtront au cours de cette négociation. Alors que le pouvoir d'expert devrait être le plus recherché, du fait qu'il valorise la contribution de l'émetteur à l'atteinte du but de l'entreprise, il est trop souvent ignoré par crainte de son rejet et des conséquences qui pourraient en découler pour les communications subséquentes.

Les dysfonctionnements résultent également de l'utilisation d'une forme de pouvoir inappropriée. Une personne, dont l'expérience est reconnue au sein de l'entreprise, n'a pas besoin de se montrer supérieure physiquement (en rabaissant systématiquement ses subordonnés). Ce choix erroné aura pour conséquence un accroissement de la résistance de la part du récepteur.

Finalement, le dysfonctionnement le plus pervers provient d'une inversion du jeu de pouvoir. Au lieu d'utiliser un pouvoir pour soutenir sa communication, l'émetteur communique uniquement dans le but de se faire reconnaître un pouvoir.

Si un supérieur demande, presque quotidiennement, des changements anodins dans les opérations de ses employés, ces derniers constatent qu'il ne cherche qu'une chose : la confirmation de son pouvoir matériel de patron ou du pouvoir d'expert qu'il croit posséder.

LA RÉSISTANCE DES RÉCEPTEURS :
L'IMPÉDANCE ET LA RÉACTANCE

Nous empruntons au domaine de l'électricité les notions d'impédance et de réactance.

L'impédance est une résistance provoquée par la matière dont est composé le câble chargé de transporter le courant électrique. En communication, ce serait la résistance à la nature même du message. Le récepteur refuse de jouer les différents personnages de son rôle. Destinataire, il se met en situation de ne pas pouvoir être rejoint par le moyen / instrument utilisé par l'émetteur. Décodeur, il déforme le contenu en lui appliquant, de façon plus ou moins consciente, un code inapproprié. Interprète, il associe systématiquement les messages d'une certaine nature à un événement passé qui place ces messages dans un contexte défavorable dès leur émission.

Cette impédance augmente dans la vie de l'organisation lorsqu'elle est vécue par un ré-émetteur. Résistant au message, il est, presque automatiquement, amené à l'émettre vers un autre circuit avec un pouvoir tout aussi dysfonctionnel. Certains ré-émetteurs seraient inconfortables devant l'obligation de transmettre des changements touchant aux conditions de travail des employés qu'ils dirigent. D'autres craignent de déplaire à leurs supérieurs en rapportant des problèmes signalés par leurs employés ; ils souscrivent à ce qu'ils croient être le désir de la haute-direction : « ne pas faire de vague ». L'émetteur doit connaître l'état de résistance des ré-émetteurs du réseau humain sur lequel il compte pour faire circuler son message dans l'entreprise. Pareil à un automobiliste qui planifie son parcours pour atteindre sa destination, il doit prévoir les fermetures de routes qui le forceront à emprunter des voies de contournement. Il choisira les ré-émetteurs d'un autre réseau humain (d'autorité, opérationnel, ou personnel) pour contourner l'obstacle.

La réactance est une forme très particulière de résistance. Elle est activée par un changement dans le voltage du courant électrique. En communication, bien qu'elle puisse ralentir la transmission d'un message, elle n'est pas nécessairement négative, car elle représente le seuil de tolérance aux changements de message. Le ré-émetteur qui a un seuil de résistance très bas réagit trop rapidement aux messages qu'il reçoit. Il ne prend pas le temps de les interpréter pour les adapter à ceux à qui il doit les transmettre. Il peut même avoir développé une boulimie pour les messages qu'il cherche à découvrir (ou même à inventer) pour satisfaire son hyperactivité communicationnelle. Pour reprendre l'image donnée plus haut, l'émetteur devra se méfier des cadres-relais qui, ayant un niveau de réactance trop bas, seront tentés de se livrer à des excès de vitesse ou à des dépassements risqués qui mettent en danger la vie de l'entreprise. L'émetteur confronté à une telle situation devra adopter une conduite défensive pour éviter les accidents de communication.

[**Pour discussion :**

La réactance est aussi un critère permettant d'évaluer la capacité de délégation et de leadership d'un jeune cadre ou d'un cadre potentiel.]

Les dysfonctions du ré-émetteur

De par la nature-même de son rôle, impliquant les deux autres, le ré-metteur peut souffrir des dysfonctions de l'émetteur et du récepteur, mais il en possède deux qui lui sont particulières.

Reprenant notre modèle électrique, on peut qualifier un ré-metteur de «disjoncteur» dans le cas où on ne peut plus compter sur lui pour transmettre quelque message que ce soit. Ce cadre reconnu pour ne jamais relayer les messages que lui confient ses employés craint peut-être que ses supérieurs ne le tiennent responsable d'un problème perçu par ses employés, alors que ces derniers souhaitent seulement qu'une solution soit apportée avant qu'elle ne débouche sur une crise mettant leur activité en péril.

L'autre dysfonction s'attache aux effets pervers d'une sorte particulière de ré-émetteur. On pourrait croire que seuls les acteurs placés à des nœuds (les cadres) d'un réseau hiérarchique peuvent jouer un tel rôle. Or, n'importe quel acteur des réseaux opérationnel et personnel a la possibilité de ré-émettre un message reçu dans un réseau vers des acteurs avec lesquels il est en contact dans un autre réseau.

Pour illustration :

Nous avons parlé, plus haut, de ce chauffeur qui fait le tour des boutiques de la chaîne. En quittant l'entrepôt, le matin, il a appris une nouvelle de son chef d'équipe, donc à travers le réseau hiérarchique. Il va répandre cette nouvelle par ses conversations avec les personnes rencontrées dans sa tournée, donc à travers le réseau opérationnel.

Dans le contexte de notre modèle électrique, ce ré-metteur qui fait le pont entre deux réseaux, serait un «commutateur», car il «commute» d'un réseau à l'autre. Cette activité est fort utile à l'entreprise. Un supérieur peut solliciter ce commutateur pour diffuser un message ou recueillir des informations qui ne pourraient circuler à cause de la présence d'un disjoncteur dans le réseau hiérarchique.

Pour illustration :

Le supérieur peut demander au camionneur de distribuer un communiqué en insistant sur son importance, alors que le document, distribué par le courrier du réseau hiérarchique, pourrait ne pas recevoir toute l'attention voulue de la part des gérantes qui vont le recevoir.

Néanmoins, on devine qu'une telle situation puisse entraîner des dysfonctions. Il y a risque que des informations circulent de façon partielle ou erronée. Le commutateur devant lui aussi appuyer sa communication sur un jeu de pouvoirs, il aura tendance à forcer son pouvoir d'expert pour que les autres lui prêtent attention. Il pourra même en venir à « enrichir » les informations pour valider ses prétentions.

Pour illustration :

Le chauffeur n'a peut-être entendu qu'une partie de la conversation de son supérieur avec l'un de ses collègues. Il en extrapole le contenu, peut-être de façon erronée, pour susciter l'intérêt de ses récepteurs.

C'est alors que naissent et circulent les rumeurs qui composent le côté sombre des communications d'entreprise. Elles sont d'autant plus difficiles à contrôler et corriger lorsqu'elles se répandent à travers différents réseaux.

Alors que le disjoncteur n'utilise aucun jeu de pouvoirs, le commutateur cherche à renforcer le sien en multipliant ses interventions. Ce que nous allons maintenant exposer comme prescription pour l'émetteur et le récepteur s'applique donc à lui en ce qu'il témoigne, souvent, d'une réactance trop basse aux messages reçus (il cherche désespérément des informations à livrer) et un jeu de pouvoir exacerbé (il cherche à s'en faire reconnaître à tout prix).

En résumé :

- L'émetteur : pouvoirs physique, matériel, d'expert
      attaché à la personne, à la tâche
- Le récepteur : les résistances, l'impédance, la réactance.

module 1

La prescription : le C.A.P. des acteurs

On n'en est plus à choisir un réseau humain auquel confier l'émission ou la ré-émission d'un message. Si le diagnostic a identifié des dysfonctionnements chez les acteurs d'un réseau, il faut d'abord les corriger avant d'utiliser ce dernier. La prescription prend donc pour acquis le contenu du diagnostic et en fait son point de départ.

Il s'agit de proposer des actions qui vont modifier le trinôme C.A.P. d'un acteur par rapport à son utilisation des pouvoirs ou des résistances.

LA CONNAISSANCE

Chacun des acteurs apporte à son rôle dans la communication, des connaissances tirées de sa formation et de son expérience. Cette connaissance peut porter sur l'entreprise elle-même, sur les conditions de son interlocuteur, sur l'utilisation du réseau technique de communication utilisé ou sur l'objet du changement demandé. Elle peut porter aussi sur la nature des différentes sortes de pouvoir ou de résistances et sur les différentes façons de les exprimer.

On peut également augmenter la connaissance que l'émetteur possède des pouvoirs disponibles dans sa position actuelle par rapport à ce qui est acceptable dans son entreprise, ou à ce que le récepteur est prêt à reconnaître dans leurs relations hiérarchique, opérationnelle ou professionnelle. Il en va de même pour la résistance du récepteur.

Nous parlerons de connaissance « longue » ou « courte » pour caractériser l'étendue de cette connaissance.

La prescription verra donc à augmenter la connaissance du modèle des jeux de pouvoirs et de résistance, les règles à suivre dans le contexte de son organisation.

L'Attitude

Il faut aussi tenir compte de l'attitude des acteurs à l'égard de leur interlocuteur, au réseau technique utilisé et à l'objet du changement.

Nous qualifierons cette attitude de «positive» ou «négative». Dans chacune des deux options, elle pourra être «passive» ou «active». Cela nous donne un quadrant:

I: Positive active	II: Positive passive
III: Négative active	IV: Négative passive

Face à un changement d'instrument technologique, le récepteur peut donc avoir une attitude positive active (I). Il aime ce genre de changement et il prend des initiatives pour le réaliser. S'il a une attitude positive passive (II), il accepte ces changements et attend qu'on lui donne des instructions pour les intégrer dans son activité. Si son attitude est négative passive (IV), il a l'habitude d'être très critique face à ces changements, mais il ne fera rien pour s'y opposer. C'est ce qu'il ferait, par son discours et ses actions délinquantes ou de sabotages s'il a une attitude négative active (III).

Pour favoriser un meilleur exercice des jeux de pouvoir ou de résistance, la prescription cherchera donc à faire prendre conscience de l'attitude et à proposer des arguments pour en changer, c'est-à-dire de passer du niveau négatif à positif, et, dans chaque cas, de passif à actif.

La Pratique

Les changements de connaissance et d'attitude visent, comme transformation ultime, un changement des pratiques. Pour ce faire, il faut

- d'abord que l'acteur prenne connaissance du fait qu'il a une pratique particulière (de pouvoir ou de résistance)
- qu'il est possible de la décrire et de la caractériser
- finalement, qu'il est possible de la rendre plus efficace (obtenir de façon plus rapide et complète le changement souhaité par l'action

de communication) et plus efficiente (obtenir le maximum de résultat avec le minimum de dépense d'énergie) à travers l'exercice d'un pouvoir plus efficace et efficient.

On trouvera, dans le prochain chapitre, un modèle de programmation des interventions qui vont permettre les modifications souhaitées, aussi bien pour les réseaux humains que ceux techniques.

LES DIVERSITÉS

Les propositions d'actions permettant de modifier la connaissance, l'attitude ou la pratique d'un acteur ne peuvent ignorer les causes de celles-ci. L'auteur de la prescription doit tenir compte des diversités dans lesquelles évoluent les acteurs. Cela exige une prise en compte de l'histoire de vie de chacun d'entre eux, aussi bien à l'intérieur qu'à l'extérieur de l'entreprise, car ces connaissances, attitudes et pratiques ne sont pas nées dans le vide. Elles ont été acquises au cours d'expériences de communication, aussi bien dans la famille, qu'à l'école et dans les précédents milieux de travail. Le prescripteur doit s'intéresser aux groupes dont l'acteur a pu faire partie afin d'identifier ce qui peut valoriser, pour ce dernier, l'élément que l'on cherche à changer.

Pour référence :

« Un groupe se définit comme une catégorie psychologiquement signifiante pour ses membres, dont ils se réclament subjectivement lorsqu'ils se livrent à des comparaisons sociales et à l'acquisition de normes et de valeurs (...) dont ils adoptent les lois, les références et les croyances concernant les conduites à tenir (...) et qui influencent leurs attitudes et leur comportement. »

(John Raymond Harris, 1999, p. 185.)

EN RÉSUMÉ :

- La connaissance : longue ou courte
- L'attitude : positive ou négative ; active ou passive
- La pratique : la transformation ultime.

B

LES RÉSEAUX TECHNIQUES
DE COMMUNICATION

Arrêtez de communiquer, vous en faites trop ! Surplus d'information, surplus de communication, les réseaux humains sont proches de la saturation communicationnelle. C'est pour cette raison que nous prônons la qualité de la communication. Cependant, les réseaux humains ne sont peut-être pas, ou ne sont peut-être plus, en état de recevoir une nouvelle communication quelque soit sa qualité. L'examen, le diagnostic, et la prescription développés dans la première partie de ce livre permettront au communicologue et au communicateur de déceler les faiblesses et d'y remédier avant de se lancer dans une nouvelle communication.

La communication, c'est usant. Après l'examen, le diagnostic, et la prescription d'action sur les réseaux humains, une analyse des réseaux doit donc se poursuivre avec l'examen, le diagnostic, et la prescription des réseaux techniques qui supportent la communication entre les acteurs de l'entreprise.

Avant d'aller plus loin, précisons que nous utilisons le terme « réseaux techniques » parce que chacun d'entre eux implique une « technique » d'utilisation, et non pas nécessairement parce qu'ils exigent le recours à un instrument ou à une « machine ». Certes, il sera question d'appareils dans le chapitre consacré à la télématique ; mais ce ne sera pas le cas dans celui qui traitera des contacts.

De même, le terme « réseaux techniques » suppose que le recours à ces supports de communication n'est pas le fait d'événements isolés. La présence d'un ordinateur au service de la comptabilité ne crée par un réseau, à moins qu'il ne soit relié à d'autres ordinateurs ou qu'on ne retrouve des utilisations semblables ailleurs dans l'entreprise. Ils doivent donc être intégrés dans les pratiques régulières de l'entreprise et ainsi former une « toile » qui soutient les activités des acteurs. S'ils ne sont pas reliés aussi étroitement que les réseaux humains, ils peuvent être considérés comme des systèmes de par leur communauté d'utilisation habituelle et même de par leur distribution (la téléphonie) ou leur déclinaison (le contenu d'une réunion pouvant alimenter ou justifier la tenue d'une autre réunion pour le suivi des décisions ou pour l'information des sous-groupes d'acteurs concernés).

Pour réflexion :

«Pour beaucoup, la technologie, ce sont les machines ou les mécanismes technologiques. Mais les nouvelles technologies de l'information et de la communication, qui sont à la base de la société postindustrielle, sont avant tout des technologies intellectuelles».

(Daniel Bell, Sciences Humaines, n° 32, mars-avril-mai 2001.)

Pour réflexion :

Canaux et réseaux techniques. D'après Wofford et ses collègues (1977), un canal comprend tous les moyens couplant l'émetteur au récepteur. Ici, le réseau technique, composé d'un moyen sur instrument, supporte la communication entre deux individus entre lesquels il existe un lien de nature hiérarchique, opérationnel, ou personnel.

Tout comme l'électricité, la communication voyage difficilement dans le vide. Quel que soit le réseau humain analysé (hiérarchique, opérationnel, ou personnel), le communicateur ou le communicologue devra compter sur les moyens et les instruments à sa disposition. Chaque moyen (tels le mémo, la réunion, le journal interne) synchrone ou asynchrone est transmis par un instrument (i.e. le contact, la téléphonie, l'imprimé, et la télématique) – nous parlons par la suite d'un moyen sur un instrument (chapitre 7). Il devra également se pencher sur un choix de réseau technique fonction des besoins, des agents, et des lieux (chapitre 8). Un diagnostic des réseaux techniques permettra d'évaluer le fonctionnement des réseaux techniques et d'identifier les entropies (l'entropie : processus de désorganisation progressive) qui peuvent nuire à ce fonctionnement (chapitre 9). Finalement, nous envisagerons les mesures de néguentropies, c'est-à-dire les interventions permettant de stopper ou d'inverser le processus de désorganisation des réseaux techniques (chapitre 10).

Dans la partie suivante, nous proposerons une programmation des interventions permettant d'ajuster aussi bien les réseaux humains que les réseaux techniques en fonction des prescriptions retenues.

Un moyen sur un instrument

Chacun des réseaux est défini par l'utilisation d'un moyen sur un instrument.

LES CINQ ÉTAPES D'UTILISATION

Nous allons détailler cinq étapes d'utilisation des moyens et des instruments : la création, la production, la reproduction, la transmission, et la conservation.

Pour rappel, l'émetteur assume trois personnages différents : mandant, mandataire, et mandaté. Le mandant définit le message à émettre. Le mandataire choisit le meilleur réseau technique (RT) en fonction du récepteur-destinataire (la meilleure façon de le joindre) mais aussi du récepteur-interprète (la concordance entre le message, son interprétation, et le RT). Le mandaté procède à l'exécution du message dans le RT choisi.

1. Pourquoi le créer ? La création reprend les sources ou les déclencheurs de la création du moyen ou de la mobilisation d'un instrument.

2. Dans quelles conditions ? La production concerne le protocole, le format type, ou encore le rendu du moyen ou de l'instrument.

3. Doit-on le reproduire ? La reproduction dépend du nombre de destinataires ou de clients du message.

4. Comment le distribuer ? La transmission ou la distribution se concentre sur les modes de transmission de la production et de ses copies vers les récepteurs.

5. Doit-on ou peut-on le conserver ? La conservation consiste en la capacité de conservation ou la nécessité de conservation du moyen ou de l'instrument.

Cinq étapes nous offrent une grille de lecture que nous appliquons ci-après aux instruments, aux moyens, et à leur combinaison.

LES INSTRUMENTS

Chacun des moyens des deux modes, synchrone et asynchrone, est transmis par un des instruments suivants : le contact, la téléphonie, l'imprimé et la télématique

Le contact

Le contact met en communication, dans un même lieu, des membres d'une organisation.

La création du contact provient d'un besoin d'établir, par exemple, une relation de confiance ou encore de bénéficier de l'ensemble des dimensions verbales et non-verbales de la communication. Le protocole de production dépendra essentiellement du moyen associé. La reproduction conforme d'un contact est difficile, voire impossible. Chaque contact est unique et dépendant de son environnement. La transmission du message par contact nécessite une coprésence des parties. Le contact est éphémère et ne peut être conservé comme tel.

Les contacts impliquent des personnes avec toutes leurs complexités sensorielles. La communication se fait par une compilation et une comparaison des signaux visuels, sonores. Le discours est modulé par le geste, volontaire ou non, conscient ou non. L'interprétation de la dualité sémantique / dynamique peut s'appuyer, plus ou moins volontairement et même consciemment, sur des signaux tactiles et olfactifs.

Les mots *dans un même lieu* précisent que, contrairement aux autres instruments, l'émetteur et le récepteur sont en coprésence, c'est à dire en présence dans un même lieu.

Cet instrument est, par sa nature-même, limité dans les moyens qu'il peut servir, car la coprésence implique nécessairement la synchronicité… à moins de tomber dans la fiction ésotérique.

La téléphonie

La téléphonie met en communication (principalement) sonore des membres d'une organisation qui ne sont pas dans un même lieu.

La nécessité de communiquer de façon synchrone (besoin d'ajustement mutuel) avec une personne distante physiquement est une source de contact téléphonique du moment que le sonore suffit à la communication de l'objet. Le protocole de production est lié à l'outil de téléphonie utilisé (cellulaire, téléphone fixe, ou Skype). La téléphonie permet la reproduction d'un message. Mais celle-ci sera tributaire de l'interaction avec le récepteur (sa personnalité, est-elle déjà en ligne, a-t-elle une messagerie ?). La téléphonie n'est pas toujours accessible à tous et changera en fonction de l'activité (travail à domicile, en déplacement, au bureau). La téléphonie permet la conservation de la communication notamment sur un répondeur ou par enregistrement des conversations (attention aux contraintes légales).

Les mots *(principalement) sonore* rappellent que la téléphonie est essentiellement mono-sensorielle. Toute faille dans l'habileté de maîtriser les différentes zones de codifications sonores, comme le ton, le rythme ou la langue, ne saurait être comblée par les autres sens. Le mot *principalement* prend en compte l'addition progressive de nouvelles technologies de communication visuelle associées à la téléphonie. Mais on glisse ainsi vers un autre instrument, la télématique. Ce qui est tout à fait le cas quand on traite des scripto-messages de type SMS. Nous réservons la catégorie instrumentale *téléphonie* aux communications *principalement* sonores, même lorsque cela se fait par télématique. La différenciation entre la téléphonie et la télématique se situe non pas dans le support, mais dans le canal sensoriel utilisé.

Pour illustration :

Ainsi les systèmes dits Voice-over-IP comme Skype sont principalement sonores même s'ils utilisent la télématique.

Les mots *qui ne sont pas dans un même lieu* introduisent le rôle d'un support technologique qui prolonge les capacités corporelles des acteurs de la communication. La qualité de la communication ne dépend plus seulement de la performance de ces derniers, mais aussi de celle de la technologie impliquée. Il en va de même pour la télécopie (fax) qui s'inscrit dans les activités d'imprimé, même si ce dernier est transporté par la téléphonie.

La téléphonie sert les moyens aussi bien synchrones qu'asynchrones. On peut faire des rencontres et des réunions par téléphone. Grâce au répondeur, on peut lui confier des mémos, des communiqués et même des bulletins, tenant compte de la définition de ces moyens.

La téléphonie interne d'une organisation peut être composée d'un système privé. La gestion des appels est sous le contrôle de l'organisation. Elle ne peut louer qu'un nombre limité d'accès à la téléphonie publique (externe) qu'elle distribue à un plus grand nombre de terminaux téléphoniques. Tenant compte d'un pourcentage plus ou moins important d'utilisations internes, elle suppose que les détenteurs de terminaux ne les utiliseront pas tous en même temps pour communiquer avec l'extérieur. Il y a donc dans cette décision, un important travail d'analyse des communications dans l'organisation.

Pour certaines organisations, des membres ne peuvent être joints qu'en utilisant la téléphonie publique, dans sa forme classique ou cellulaire / portable, par exemple, pour communiquer avec les représentants sur la route ou les techniciens sur le terrain.

Pour d'autres organisations, les membres ne peuvent être joints que par la téléphonie publique. Par exemple, pour communiquer entre eux, les membres d'une association de bénévoles ou d'un club sportif sans permanence ne peuvent se joindre qu'à domicile ou au travail par l'intermédiaire de la téléphonie publique.

L'imprimé

L'imprimé établit, entre des membres d'une organisation, une communication (principalement) écrite et à distance dans le temps et l'espace, sans aucun protocole propre.

La création d'un imprimé peut prendre source dans le besoin de formalisation ou encore de conservation. La production de celui-ci n'est pas protocolaire et sa reproduction est facilitée par l'existence d'outils d'impression efficaces. Son accès et sa mise à disposition bon marché facilitent sa transmission vers la plupart des récepteurs sur site. Elle sera plus onéreuse si l'imprimé doit être envoyé à domicile ou vers les sites dispersés géographiquement. La conservation est une propriété majeure de l'imprimé.

L'instrument imprimé est intimement lié au support de papier. Les mots *principalement écrite* précise qu'il se pourrait qu'une telle communication ne soit composée que d'une image ou d'une création graphique.

Les mots *sans aucun protocole propre* signalent que, contrairement à la télématique, l'imprimé n'impose aucun protocole de composition ou de transmission et qu'il supporte ainsi tous les moyens, sauf ceux qui sont synchrones puisqu'il se déroule à distance dans le temps et l'espace.

La télématique

La télématique établit, entre des membres d'une organisation, une communication audiovisuelle, à distance dans l'espace, mais pas nécessairement dans le temps, avec ses propres protocoles.

La télématique offre une flexibilité telle qu'elle permet de rencontrer bon nombre de besoins à la source de sa création. Le protocole d'utilisation de la technologie ou du logiciel va influencer la production et le rendu de la communication. En revanche, une communication peut être reproduite à l'infini grâce à la télématique. La distribution de la communication dépendra de l'accès à la télématique et de la capacité d'utilisation du destinataire. La conservation devient, avec la télématique, aisée en termes d'utilisation et de stockage. Cependant, il est à noter qu'elle permet la conservation de certains moyens qui ne sont pas supposés l'être a priori (voir mémo).

Pour référence :

« Cela veut dire qu'il n'y a plus de diversité de systèmes technologiques pour transporter un texte, un son ou une image. Un même et unique transport permet de véhiculer les trois signaux à la vitesse de la lumière. »

(Ignacio Ramonet, 2001, p. 139.)

La télématique sert les activités primaires de l'entreprise comme la comptabilité, les achats ou les prises de décision, en transmettant les informations requises par les responsables de ces activités. Elle contribue aussi à la gestion des stocks, à la fabrication flexible, à l'entretien des équipements. Cela se fait à la fois par la communication volontaire établie entre les membres et par la communication automatique d'informations liées à leurs activités.

Les mots *à distance dans l'espace* supposent que le recours à cet instrument, par un intranet ou l'Internet, soit justifié par l'impossibilité physique d'utiliser le contact. Cela n'est pas toujours évident, surtout lorsqu'on observe une importante utilisation du courriel entre des bureaux voisins les uns des autres.

Les mots *pas nécessairement dans le temps* laissent entendre que cet instrument peut être utilisé pour des moyens en mode synchrone, telles la rencontre et la réunion, grâce aux différents accès interactifs comme les messageries instantanées, les *chats* ou les *forums*. La communication *audiovisuelle* fait appel à l'écrit, à l'image et au son. La différence se situe au niveau des protocoles qu'imposent les différentes formes de courriel et les programmes de création de pages télématiques.

Si le moyen mémo n'implique aucun protocole, sa transmission par instru-ment télématique ne change pas sa nature, mais sa forme. « Quand j'envoie un mémo par courriel, je n'y accorde pas beaucoup d'importance, car je sais que le récepteur va l'effacer après en avoir pris connaissance. Mais il faut quand même que je tienne compte des exigences de composition de mon logiciel de courriel et des règles de sécurisation des documents attachés. »

Il y a une certaine influence entre les protocoles internes des moyens et les protocoles externes de cet instrument.

Pour référence :

« ... perfectionner la technologie du traitement de l'information comme source de productivité dans un cercle vertueux d'interaction entre les connais-sances qui se trouvent à la base de la technologie et l'application de celle-ci afin d'améliorer la génération du savoir et le traitement de l'information... »

(Manuel Castells, 1998, 2001, p. 40.)

La réunion qui exige un protocole interne de programmation appelle une formule d'intégration de différents protocoles externes de courriel, de sources documentaires, et de simulation. Le communiqué, d'hyperliens. Le bulletin, de stockage des données.

Pour discussion :

«Au même titre que les réunions de service, les voeux de bonne année, le séminaire annuel sont des rites qui tissent entre toutes les composantes de l'entreprise le nécessaire lien social. Les félicitations devraient être aussi un rite important dans l'entreprise. Il faut savoir féliciter. Oui, fêtons nos succès, nos réussites, le gain d'un nouveau contrat, un nouveau client. Le rôle du manager ne peut se réduire à n'intervenir que quand ça va mal. Si vous prenez le temps de «critiquer» vos collaborateurs quand il y a erreur, prenez au moins le temps de les féliciter quand ça marche bien! Oui, même dans l'entreprise, chacun a besoin de temps à autre de recevoir les félicitations qu'il mérite... lorsqu'il les mérite. Si vous imaginez que c'est superflu, vous commettez une grave erreur.»

(Patrice Stern, «Dans la motivation, tout est affaire de mesure», LEntreprise.com, 20/08/03.)

Pour discussion :

«Internet et les technologies abolissent le temps et l'espace? Non, leur utilisation de plus en plus chronophage, notamment pour l'apprentissage et les dépannages. Il ne faut pas confondre diminuer les délais, qui caractérise la société de l'information, et gagner du temps. Quant aux activités à distance, elles viennent se cumuler et ne peuvent que rarement se substituer aux activités de proximité.»

(Yves Lasfargue, «Les illusions technologiques», Les Échos, 23/06/03.)

LES MOYENS SYNCHRONES ET ASYNCHRONES

Les réseaux techniques sont des ensembles de moyens formant des sous-systèmes dans l'organisation. On suppose donc la présence de plusieurs points de communication mis en réseau et non d'un seul point opérant en autonomie du reste de l'organisation.

L'utilisation d'un seul ordinateur ne saurait être considérée comme un réseau technique, à moins que cet ordinateur ne soit relié à un réseau interne, ou à l'Internet, pour échanger avec d'autres ordinateurs. De même, une seule réunion ne saurait former un réseau ; pour cela, il faut qu'elle s'inscrive dans un programme et une politique de réunions.

Nous allons présenter, dans le prochain chapitre, une grille d'analyse des réseaux afin d'en évaluer le fonctionnement et d'en améliorer l'utilisation. Avant cela, il faut faire le portrait de ces réseaux s'incarnant dans deux *modes*, le synchrone et l'asynchrone.

Chacun de ces deux modes comprend des *moyens* qui peuvent être servis par les familles *d'instruments* que sont le contact, la téléphonie, l'imprimé et la télématique. Nous considérons comme instruments techniques non seulement ceux qui impliquent des appareils de communication comme la téléphonie, mais aussi ceux qui supposent l'utilisation d'une technique comme la réunion au sein de la famille des contacts.

Le mode synchrone

Le mode synchrone met des membres d'une organisation en communication immédiate et temporaire. Il les implique avec toute leur complexité sensorielle.

Le mot *immédiate* précise que les attentes entre les étapes de la communication ne peuvent se justifier par des exigences techniques. Le temps devient apparent, parce qu'il relève uniquement des intentions des acteurs.

Le mot *temporaire* signale que, même si la communication devait se dérouler dans un lieu régulier d'activité, sa mise en marche modifie la relation existant entre les participants. Il y a un arrêt temporaire de l'activité régulière pour procéder à l'action de communication. Cela est aussi vrai pour les moyens asynchrones, mais, ici, il est important de le préciser parce que, justement, ils peuvent se dérouler sans modifier, en apparence, le contexte d'activité.

La transmission par réseau synchrone implique une coprésence temporelle de l'émetteur et du récepteur.

Les réseaux synchrones sont : les rencontres, les réunions et les cérémonies. Nous allons reprendre, pour chacun de ces réseaux, la définition du mode synchrone en y ajoutant un ou deux mots qui signalent leurs différences.

La rencontre

La rencontre met des membres d'une organisation en communication immédiate, temporaire et *non programmée*.

Elle est initiée par une volonté ou un besoin associé, partagé, ou imposé de l'émetteur. La production n'est ni protocolaire ni formatée en interne. À l'externe, elle peut l'être en fonction de l'instrument combiné. La reproduction semble difficile à cause de l'improvisation ou de la spontanéité qui y règne.

La spécificité des rencontres, c'est qu'elles ne soient pas programmées. Contrairement aux réunions, les éléments de programmation ne sont pas connus de tous les participants. Cela n'implique pas que la rencontre soit nécessairement accidentelle. Les éléments de programmation peuvent être connus de celui qui initie la rencontre, mais ignorés des autres participants.

La réunion

La réunion met des membres d'une organisation en communication immédiate, temporaire et *programmée*.

La réunion est initiée par la personne qui la convoque pour une raison déterminée au préalable. La production est dépendante du respect de la programmation (voir ci-dessous). Bien souvent, il est difficile de trouver une heure où tout le monde peut être présent. Une réunion peut-elle se faire avec un nombre illimité de personne sachant qu'elle implique une participation active des personnes conviées ? La transmission est conditionnée par la présence de l'ensemble des invités. La combinaison avec la télématique (vidéoconférence) ou la téléphonie (téléconférence) diminue cette contrainte. La réunion se combine facilement avec un autre moyen comme le rapport ou le procès-verbal de réunion reprenant l'ensemble des décisions et des points d'actions. Ce PV sera soumis à l'ensemble des participants pour relecture et accord.

La programmation de la réunion porte sur :

- le lieu

- l'heure

- les participants qui y sont invités

- les sujets qui y seront discutés.

Si l'un des éléments est absent, si l'un des participants en ignore un seul, c'est une *rencontre*... même si on s'entête à l'appeler réunion. Par ailleurs, si un patron convoque un collaborateur en lui précisant qu'ils seront, dans son bureau le lendemain à 14h00 tous les deux seuls, pour discuter de la qualité du travail de ce dernier, c'est une *réunion*.

On se rend à une réunion en connaissant le contenu et les participants. Celui qui la convoque utilise, bien sûr, un certain pouvoir pour choisir le contenu et s'assurer de la présence des participants. Mais, les participants savent qu'ils pourront faire valoir les pouvoirs reliés à leurs tâches ou à leurs personnes durant les discussions. S'ils sont appelés à participer à la réunion, c'est justement en raison de ces pouvoirs : titre, expérience ou connaissance. Même s'il est important de ne pas confondre rencontre et réunion, on peut comprendre qu'une réunion puisse donner naissance à des périodes de rencontre à l'arrivée et au départ des participants. La réunion peut même être, plus ou moins volontairement, suspendue pour laisser la place à une période de rencontre. Ce qui compte, c'est de ne pas confondre les deux moyens puisqu'ils impliquent des attentes fort différentes de la part des participants.

La cérémonie

La cérémonie met *les* membres d'une organisation (ou de la micro-organisation) en communication immédiate, temporaire, exceptionnelle et programmée.

La cérémonie est généralement enclenchée par un besoin de socialisation. Sa production dépend de la programmation et de l'occasion (calendrier corporatif ou social). Rarement dupliquée, elle a pour objectif de rassembler le plus grand nombre de membres de l'organisation. La présence n'est pas obligatoire et pas toujours possible mais c'est le grand nombre (ou parfois la volonté du directeur) qui l'emporte. Elle n'est pas destinée à la conservation.

La programmation de la cérémonie porte sur :

- le lieu... spécial ou faste

- l'heure ... hors de l'ordinaire

- le sujet... expression de la culture

- les participants... tous les membres de l'organisation (ou de la micro-organisation).

La cérémonie peut naître du calendrier social ou du calendrier corporatif.

Le calendrier social offre de nombreuses occasions de regrouper les membres d'une organisation en dehors des heures ou des lieux de travail : les fêtes de fin d'année, le retour des vacances, la célébration d'un mariage ou d'une naissance. Or, pour être une véritable cérémonie, il faut qu'elle soit programmée de telle sorte qu'elle serve à célébrer, consacrer, ou affirmer la culture organisationnelle.

Lors de la traditionnelle cérémonie d'échange de vœux du temps des Fêtes, une vingtaine de personnes reçoivent un certificat attestant un certain nombre d'années de service. Le directeur général le remet en personne et, dans son discours, demande aux personnes présentes de témoigner de la gratitude envers ceux qui ont 25 années de service.

Le calendrier corporatif offre des occasions de marquer une étape, de signaler les valeurs retenues par l'employeur ou de construire la culture organisationnelle.

« Cet employé nous quitte. Nous avons apprécié sa détermination à toujours dépasser ses objectifs de ventes. Voyez comme nous avons valorisé sa contribution. Vous serez, vous aussi, valorisé de la même façon si vous l'imitez. »

Ou encore :

« Pour nous, il est important d'obtenir des contrats avec de gros transporteurs internationaux. Nous venons d'en signer un. Hourra ! Mais il faut nous mettre à la tâche pour aller en chercher d'autres. »

Pour discussion :

« Le mail est tombé... Bardé de guirlandes de houx, boules de Noël et bulles de champ. C'est officiel, les voeux de fin d'année auront lieu le jeudi 10 janvier, à partir de 16 h 30. Cette année, ce sera à la cantine du sous-sol. Quand même plus pratique que la salle de réunion du deuxième étage pour accueillir les 85 cols blancs d'une PME lyonnaise. Les commentaires acerbes ne se sont pas fait attendre. « Et pourquoi pas carrément à l'heure du déjeuner ? », entend-on au service compta. « Encore une journée fichue en l'air, soupire-t-on à la direction commerciale. Et le patron va nous servir la même soupe que l'année dernière. » Seule réaction positive, celle du petit malin du service achats qui a organisé des paris pour savoir qui le boss oubliera cette année de citer dans son cortège de remerciements. »

(William Coop, LEntreprise.com,15/12/2005.)

Le mode asynchrone

Le mode asynchrone met des membres d'une organisation en communication différée.

Le mot *différée* précise que ce mode impose un délai entre l'émission et la réception du message. Il faut tenir compte du temps de communication, qui peut aussi impliquer un temps de transformation des acteurs et de l'environnement.

Les réseaux asynchrones sont le mémo, la lettre, le communiqué, l'affiche, les normes et procédures, les formulaires, les bulletins et journaux internes. Tout comme pour les réseaux synchrones, nous allons reprendre, pour chacun d'eux, la définition du mode synchrone en y ajoutant un ou deux mots qui signalent leurs différences.

Nous allons retenir cinq étapes dans l'utilisation de ces réseaux asynchrones : la création ; la production ; la reproduction ; la transmission ; la conservation.

Nous allons les utiliser comme points de repère pour la mise en opération des caractéristiques de chacun des moyens utilisés.

Le mémo

Le mémo met des membres d'une organisation en communication différée, sans protocole et implique une certaine urgence pour l'émetteur.

L'élément déclencheur du mémo est l'urgence et le besoin de laisser une communication à quelqu'un qui n'est pas joignable dans un mode synchrone. Sans protocole interne de production *a priori,* un certain formatage peut exister sans pour autant devenir complexe comme un formulaire. La reproduction du mémo est liée au nombre de personnes concernées. Les mémos étant urgents, on attachera beaucoup d'importance à la transmission et l'accessibilité du récepteur. Le mémo est éphémère.

L'instrument associé peut chambouler les dimensions discutées. Un protocole externe peut provenir de la combinaison avec un instrument comme le courriel. L'instrument associé conditionne également la reproduction, la transmission, et la conservation (non désirée pour un mémo).

L'écriture et la lecture se font rapidement. Il n'y a pas de conservation de ce genre de document destiné à une consommation limitée au temps de lecture. Puisqu'il n'y a ni protocole ni contexte, on ne saurait y référer pour retrouver une communication passée. La corbeille est le lieu privilégié de conservation du mémo!

Le téléphoniste utilise un mémo pour signaler à un membre de l'organisation qu'un interlocuteur a cherché à le joindre.

Divers mémos, comme celui du téléphoniste, peuvent tolérer un certain formatage préalable pour accélérer et clarifier la communication, mais cela peut rapidement mener à un formulaire. Dans ce dernier cas, il faut que la communication soit engendrée par l'obligation de remplir un formulaire et non simplement encadrée par un certain nombre d'indications orientant l'écriture et la lecture.

Pour discussion :

« On accuse le courriel d'alimenter les spirales conflictuelles qui aggravent les tensions, deux fois plus que les communications en face-à-face. Les experts expliquent que cela est dû à la nature anonyme et distante du courriel. Il est comme une sorte de papier sablé psychologique qui gratte le vernis social servant de cadre aux individus. »

(Michelle Conlin, « Watch What You Put in that Office E-mail », Business Week, 30/09/02.)

Pour discussion :

Pour l'entreprise, le premier danger cité par Me Loranger, c'est la vitesse de réaction, qu'elle qualifie d'incroyable. Le courriel arrive et le récepteur sent la pression pour répondre tout de suite... L'autre danger, souligne-t-elle, c'est le destinataire.

Pour discussion :

« L'audience n'est pas seulement le destinataire, parce que vous ne contrôlez pas ce qu'il peut faire de votre courriel », précise l'avocate spécialisée en litige commercial et civil. Il peut le relayer à quelqu'un d'autre et même le mettre sur Internet, précise-t-elle.

Que « les gens écrivent n'importe quoi dans les courriels » effraie l'avocate. C'est un danger pour l'employeur, parce que l'échange de courriels professionnels, ou ce que ses employés écrivent dans le cadre de leurs fonctions, peut le lier. Et, avec les moyens modernes, il est très facile de retrouver le contenu d'un courriel et de le présenter en preuve en cour, affirme Julie-Martine Loranger. C'est pourquoi elle donne le conseil suivant aux employeurs.

(Me Julie-Martine Loranger, Radio-Canada.ca, 05/06/08.)

La lettre

La lettre met des membres d'une organisation en communication différée, avec protocole et habituellement sur instrument imprimé :

Le protocole mentionne par exemple :

- titres ou fonctions de l'émetteur et du récepteur
- contexte administratif ou légal de la communication
- délais d'exécution ou de réponse.

Un besoin de formalisme dans la communication (légal, officiel) ou de réaffirmation du pouvoir sont des sources de création de la lettre. La production de la lettre est habituellement confiée à une tierce partie (secrétaire, adjoint) qui connaît les habitudes de l'organisation en ce domaine. On a souvent recours à la reproduction afin d'informer d'autres membres de l'organisation de l'existence de la communication. La transmission se fait par des voies formelles (courriers interne ou externe) avec possibilité de confirmer la livraison. La conservation s'impose autant à l'émetteur qu'au récepteur. La conservation est un des éléments essentiels de la lettre qui vise à être conservée comme preuve légale.

Pour illustration :

«Le cadre qui a des reproches à faire à une employée doit, même après une confrontation verbale, lui écrire une lettre appelée confirmation d'entretien dans laquelle il précise ce qu'on lui reproche et lui demande ce qu'elle entend faire pour corriger la situation et dans quel délai elle compte le faire.»

Pour discussion :

Une lettre, combinée à un courriel, a-t-elle une valeur légale ?

Le rapport

Le rapport met des membres d'une organisation en communication différée avec pour objectif de faire le point sur l'état d'une question.

Dans les organisations, on trouve des rapports périodiques, d'étapes, narratifs ou spéculatifs.

« Je veux un rapport sur les accidents qui se sont déroulés depuis un an sur les chantiers dont ce contremaître a été le responsable. »

La création du rapport est provoquée par une commande. Sa production se fait selon un protocole qui précise le nom de celui qui l'a commandé. La reproduction sera contrôlée ou non en fonction du contenu du rapport.

Un rapport d'évaluation ou d'expert sera souvent considéré comme confidentiel tandis qu'un rapport motivant une décision nécessite une certaine transparence. Il est habituellement transmis à son commanditaire avant de l'être, s'il y a lieu, à un groupe de membres de l'organisation identifiés par lui. Il est conservé pour diverses raisons : information, traces et historiques de prises de décisions, etc.

Le communiqué

Le communiqué met des membres d'une organisation en communication différée, généralement assez brève et destinée à un groupe ou à l'ensemble des membres de l'organisation.

Sa création est provoquée par le besoin de transmettre une information qui se passe de commentaires. Elle fait partie d'une routine de communication comme l'annonce d'une naissance, des horaires saisonniers de travail ou des périodes de vacances. Sa production tient habituellement en une seule page et suit un format standardisé. Il est reproduit en assez grande quantité pour être affiché, distribué ou télétransmis à une liste d'envoi. Il est conservé pour la durée de la pertinence de l'information. On y réfère rarement par la suite.

« La Direction des ressources humaines a fait installer deux petits tableaux d'affichage sur les murs de l'ascenseur : l'un pour ses communiqués, l'autre pour ceux du syndicat. »

Par le fait de son utilisation routinière et de son format standardisé, le communiqué n'est pas très approprié aux communications urgentes. Étant asynchrone, il soulève plus de questions qu'il n'apporte de réponses. Si le communiqué dit *de presse* peut être utilisé pour faire connaître au public la position officielle de l'organisation, il ne saurait répondre aux inquiétudes légitimes de ceux qui vivent au cœur du problème auquel il s'adresse. Il devrait au moins être appuyé par un moyen synchrone qui permettrait d'en expliciter le contenu.

Pour discussion :

« Les notes de service sont sans doute une des façons les plus catastrophiques de faire connaître le changement.

Cette communication indirecte et impersonnelle est perçue comme un signe de lâcheté, voire de mépris. »

(Patrick Légeron, 2003, p. 49.)

Pour discussion :

L'adjointe administrative du service affiche les noms des employés dont l'anniversaire tombera au cours du mois… Cette pratique est très courante dans plusieurs organisations, mais à défaut d'avoir un objectif précis et une certaine coordination, elle pourrait avoir pour effet de blesser et non de faire plaisir… Il est important de bien définir l'objectif visé par l'affichage des dates d'anniversaire. En fait, si rien de spécial n'est prévu, pourquoi alors communiquer ces informations ? L'objectif pourrait être d'entretenir la valeur « plaisir » au travail ou de confirmer que nos employés sont importants, ou encore de valoriser les liens sociaux ou de bâtir des relations. Or, un objectif établi permettra de prévoir des actions en conséquence, pour faire en sorte que tous les employés soient traités de façon similaire.

(Chantal Teasdale, La Presse Affaires.com, 02/10/06.)

L'affiche

L'affiche met des membres d'une organisation en communication différée dans laquelle, contrairement au communiqué, le visuel l'emporte sur le scripto.

Elle s'impose au récepteur par sa présence dans son environnement ou son apparition sur son écran. Il ne peut donc en contrôler la consommation.

La création peut se faire à l'interne ou à l'externe selon que l'on cherche à véhiculer un message propre à l'organisation (comme la promotion d'un objectif de production ou la célébration d'un anniversaire de fondation)…

… ou à s'approprier un message offert par une autre organisation non-concurrente (comme l'illustration de la valeur du travail d'équipe ou de l'importance de la sécurité au travail).

La production et la reproduction sont habituellement réalisées par des services spécialisés. La transmission et la conservation (programme, lieu, durée d'affichage) font l'objet de politiques établies ou de décisions ponctuelles liées à l'importance du message.

Il ne faut pas confondre l'affiche avec le communiqué ou avec le *poster*. Même s'il est *affiché* sur un tableau ou sur un écran, le communiqué exige une démarche volontaire du membre qui s'y arrête. Quant au *poster*, il vise à influencer le climat de travail et s'inscrit dans le décor.

Les normes et les procédures

Les normes et les procédures mettent des membres d'une organisation en communication différée dont l'objet est un ensemble de règles d'opération promulguées par l'organisation et habituellement colligées dans un manuel, un cartable modulaire ou un site spécialisé. Elles visent à réduire l'incertitude en rendant les comportements stables et prévisibles. Par exemple, la convention collective ; le code d'éthique d'un centre de recherche ; les politiques d'embauche d'une entreprise ; le guide d'utilisation de certains appareils.

L'obligation légale ou la nécessité interne de normaliser certains comportements liés à l'activité de l'entreprise (politique de communication externe, utilisation d'internet) déclenchent la création de la règle ou de la norme. La production de celles-ci doit être soumise à l'approbation des employés (en Belgique, du conseil d'entreprise ou du comité de prévention et de protection au travail). Sa reproduction est essentielle afin que le manuel soit transmis à l'ensemble des employés à leur arrivée. Il doit également être disponible sur demande ou sur un intranet. Sa conservation est nécessaire mais ne représente pas un enjeu majeur.

Les normes et procédures évitent les pertes de temps et d'énergie en fournissant des réponses aux questions que pourraient se poser les membres de l'organisation dans l'accomplissement de leurs tâches. Mais, jusqu'où peut-on aller dans la prévision de toutes ces questions ? S'il veut couvrir toutes les éventualités, le cahier des normes et procédures ne risque-t-il pas de devenir trop long à consulter ? L'arborescence de sa version électronique a-t-elle été conçue en fonction des besoins des membres? Ou en fonction de la vision des dirigeants? Laisse-t-on une certaine marge de manœuvre à ceux qui sont les mieux placés pour répondre adéquatement aux différentes nuances de la vie quotidienne dans une organisation?

Pour discussion:

«Vous vous êtes bien imprégné du règlement intérieur? Il ne faut pas du tout prendre au pied de la lettre, ça date, ça date beaucoup, et d'ailleurs tout le monde s'en balance y compris les syndicats... Je vais vous dire: ce document remonte lui aussi au premier temps de la société, il y a eu quelques amendements au début des années soixante, et depuis on n'y a plus touché: le président ne veut pas qu'on ravale ce monument historique. Laissez les choses en état, c'est sa phrase.»

(Richard Jorif, 1991, p. 62.)

Les formulaires

Les formulaires mettent des membres d'une organisation en communication différée, formatant des informations routinières en produisant des matrices qui guident la création.

Leur objectif premier est de faciliter la transmission d'informations entre deux sous-groupes de l'organisation.

« Les détails d'une transaction sont inscrits par le vendeur sur un formulaire qui peut immédiatement être traité par les programmes de notre service chargé de vérifier le crédit du client. »

Chacun de ces deux sous-groupes cherchera à imposer ses propres préoccupations. On assiste alors à la négociation, sinon à la confrontation, entre trois *tentations* de l'organisation:

- *standardisation*: pour la simplicité et l'accélération des opérations
- *spécialisation*: chaque spécialité cherche à standardiser en fonction de ses besoins
- *centralisation*: le pouvoir central doit trancher... selon sa spécialité, habituellement administrative.

Les bulletins et les journaux internes

Les bulletins et les journaux internes mettent des membres d'une organisation en communication différée, de façon *périodique,* et visant à faire connaître la vie de l'organisation.

Ce moyen jouit d'un certain prestige auprès des gestionnaires. Ils ne comprennent pas toujours le rôle qu'il peut jouer en communication interne alors qu'ils en font un instrument de relations publiques en le transmettant à l'extérieur par diffusion de sa version imprimée ou de l'adresse de sa version télématique. Ils oublient que les intérêts des lecteurs externes, actionnaires, clients, médias, etc. ne sont pas nécessairement les mêmes que ceux des membres de l'organisation. Ces derniers souhaitent que l'on parle de leurs réalisations. Ils veulent y trouver un lieu pour exprimer leurs façons de voir et de réaliser l'organisation.

La création est l'étape la plus complexe parce qu'elle impose une réflexion constante sur les contenus et une animation, toujours renouvelée, des sources d'information… surtout lorsqu'on compte sur le bénévolat de certains membres de l'organisation.

On avait l'habitude de distinguer le bulletin et le journal au niveau de leur production et de leur reproduction : le bulletin serait plus artisanal alors que le journal tendrait à imiter la forme des périodiques commerciaux. Le développement des logiciels d'édition et la diffusion télématique contribuent à faire disparaître cette différence.

Pour discussion :

« Le journal interne ne doit pas devenir le lieu des débats entre la direction et le syndicat ; le bulletin aux employés est la voix de tous, hors des pressions du travail. C'est la cantine des idées, la pause-café par écrit. Ajoutons encore ceci. Parce qu'il est bon enfant, le journal n'en mérite pas moins d'être bien rédigé. On n'en sort pas ! »

(Jean Dumas, 2007, p. 253.)

EN RÉSUMÉ :

- La rencontre non programmée
- La réunion programmée
- La cérémonie exceptionnelle
- Le mémo sans protocole
- La lettre avec protocole
- Le rapport commandé
- Le communiqué bref
- L'affiche visuelle
- Les normes et procédures opérationnelles
- Les formulaires routiniers
- Les bulletins et journaux périodiques.

LA COMBINAISON

Lorsqu'on combine les moyens et les instruments (écrire une lettre que l'on envoie par email), les protocoles se renforcent ou s'affaiblissent mutuellement. Les règles de contact avec la hiérarchie (seulement sur rendez-vous) sont ébranlées par la facilité de prise de contact via le courriel. Un deuxième se pose concernant la conservation. En effet, une rencontre ou un mémo n'ont à l'origine pas pour fonction d'être conservés. En les combinant avec des instruments comme l'email, les mémos et les rencontres peuvent potentiellement être conservés et leur contenu mobilisé à d'autres fins.

Pour réflexion :

«Il est particulièrement important de savoir quand utiliser chacun des canaux de communication. En principe, le fait de parler à quelqu'un en personne assure le plus haut niveau de compréhension mutuelle. Mais cela prend du temps et, à moins d'avoir pris des notes, la conversation peut être victime de distorsion avec le temps. La communication écrite vient en deuxième pour l'efficacité. Quand on a besoin d'expliquer quelque chose rapidement, il serait plus efficace de convoquer une réunion ou d'écrire un mémo, ce dernier étant moins perturbateur que la réunion en ce qui concerne l'agenda des partenaires de la communication. Et souvent, quand on a besoin d'une réponse immédiate, c'est le coup de téléphone qui s'impose. »

(Marjabelle Young Stewart et Marian Faux, 1995, p. 211.)

Pour discussion :

Tentez d'estimer la fréquence de chaque combinaison (présentée dans la matrice ci-dessous) pour votre organisation. Une fois l'inventaire terminé, réfléchissez à la cohérence entre les réseaux techniques les plus utilisés et vos besoins de communication.

Fréquence de combinaison I/M	Contact	Téléphonie	Imprimé	Imprimé
La rencontre				
La réunion				
La cérémonie				
Le mémo				
La lettre				
Le rapport				
Le communiqué				
L'affiche				
Les règles et les normes				
Les bulletins ou les journaux internes				

L'examen des réseaux
techniques : B.A.L.

Pour choisir le bon réseau technique (un moyen sur un instrument) pour un projet spécifique, le communicateur doit non seulement connaître tous ceux qui sont disponibles, mais aussi en avoir évalué l'utilisation qu'on en fait dans l'organisation. S'il y a, dans cette organisation, des habitudes qui peuvent aller à l'encontre d'une acceptation du message, il y en a d'autres qui peuvent rendre un réseau technique moins efficace qu'un autre pour le véhiculer.

Nous proposons une grille d'analyse dont les différents points permettront au communicateur et au communicologue d'identifier le contexte organisationnel de chacun des réseaux. Tout en signalant les particularités de chacun, nous laissons au praticien le soin de les appliquer en tenant compte des particularités de son organisation. Ces différents points sont des variables que nous avons regroupées sous l'acronyme *B.A.L*: *Besoins, Agents, Lieux*. Ce portrait ne peut découler que d'une observation rigoureuse du fonctionnement du réseau.

LES BESOINS AUXQUELS ILS RÉPONDENT

Bien que chaque réseau technique puisse, de par sa nature, sembler mieux adapté à un réseau humain qu'à un autre, ou à un message qu'à un autre, les organisations développent des habitudes particulières qui dépendent à la fois de la psychologie des individus et de l'histoire de l'ensemble.

Les besoins de communication sont ceux pour lesquelles les membres de l'organisation ont le plus souvent recours à un réseau technique.

Il va de soi qu'aucun besoin ne peut-être totalement exclusif, mais ce qui importe ici, c'est la tendance la plus marquée au sein de l'organisation ou d'un secteur de l'organisation.

Le besoin associé

C'est le besoin, pour l'émetteur, de reconnaître ET de faire reconnaître un lien organisationnel. L'objectif final est de faire partager, par l'autre, ce besoin social qui n'est pas lié au travail, mais qui émerge de l'appartenance à la même organisation. Par exemple, je me rends au bureau d'un collègue pour lui souhaiter un bon retour de vacances.

L'émetteur utilise un moyen/instrument de communication pour signaler qu'il fait partie de la même organisation que la personne à laquelle il s'adresse. En donnant suite à la communication amorcée, cette personne confirme le lien proposé.

Si le destinataire a l'intention de refuser de donner suite à l'initiative de l'émetteur, il peut le faire de façon active ou passive. Dans le premier cas, il déclare ne pas reconnaître le lien. Dans le second cas, il ne donne pas de suite parce qu'il ne reconnaît pas le lien ou bien parce que la reconnaissance de ce lien ne fait pas partie des priorités influençant son comportement du moment.

Pour illustration :

« Dans l'ascenseur, je salue une personne que je pense être une collègue de travail. Je veux lui signaler que je l'ai reconnue et que je me sens heureux, ou obligé, de la saluer. Elle se retourne vers moi et me dit qu'il y a erreur. Elle peut aussi ne pas donner suite par distraction ou tout simplement par manque d'intérêt. »

Pour discussion :

C'est un champ privilégié d'application du postulat de l'École de Palo Alto : On ne peut pas ne pas communiquer (Paul Watzlawich et al. 1972). C'est le lieu idéal de ce que Roman Jacobson (1963) appelle la conversation phatique, ne servant qu'au maintien du lien de communication. On communique pour le plaisir de se parler, d'être ensemble. C'est l'occasion de cette utilisation rituelle d'un moyen de communication que Carrie Heeter et Bradley S. Greenberg (1987) opposent à l'utilisation instrumentale, présente dans le niveau secondaire et indissociable du niveau tertiaire.

Le besoin partagé

C'est le besoin d'échanger des informations concernant un projet commun. Les partenaires de cette communication reconnaissent qu'ils partagent un projet et veulent faire le point sur sa préparation, sa réalisation et son évaluation.

Celui qui initie la communication n'a pas besoin, comme dans le niveau primaire, de convaincre l'autre de partager son besoin d'informations. Ce besoin est pris pour acquis. Il n'y a pas d'hypothèse d'intérêt à valider.

Pour illustration:

« Je participe à une téléconférence avec les ingénieurs de trois pays différents, impliqués dans le développement des composantes d'un prototype. »

« Je réunis, à chaque mois, les dirigeants des différentes filières de mon organisation pour faire le point sur l'intégration de leurs activités. »

Le besoin imposé

C'est le besoin ressenti par l'émetteur d'obtenir ou de transmettre une information. Ce besoin n'est aucunement partagé par le récepteur qui n'en a pas besoin et qui se contente de répondre au besoin de l'autre par obligation ou par devoir.

Pour illustration:

« Je téléphone au service des ressources humaines pour connaître les conditions d'un congé sans solde. »

« J'envoie un courriel à l'entrepôt pour savoir si l'objet que veut commander le client est disponible. »

Pour discussion :

Les bureaux de Gérard (appelons-le ainsi) et de son responsable ne sont distants que d'une dizaine de mètres. Pourtant, le manager ne prend jamais la peine de se lever pour lui parler. Dès qu'une question ponctuelle lui traverse l'esprit, il décroche son téléphone et la pose sans réfléchir : « C'est à quelle heure déjà le briefing de demain ? ». Ou encore, « Euh, je t'appelais, mais en fait, c'est bon maintenant… ». Temps de communication : 10 secondes chrono. Et exaspération garantie à l'autre bout du fil. Sur la durée, servir d'aide-mémoire (ou de pense-bête) à son chef peut être dévalorisant.

(Edouard Lederer, LEntreprise.com, 04/04/07.)

Le premier besoin est un besoin de socialisation tandis que les deux suivants sont liés au travail. Il se peut qu'un même réseau comporte des éléments de niveaux différents. Néanmoins, il faut induire de l'observation le besoin faisant l'objet de la majorité des activités de ce réseau.

Pour discussion :

Le social prend-il le pas sur le travail. En quoi est-il nécessaire au bon fonctionnement de l'entreprise ?

LES AGENTS IMPLIQUÉS

Après avoir reconnu la présence d'un moyen, nous allons identifier les agents qui interviennent dans son fonctionnement. Les agents ne sont pas nécessairement les mêmes pour tous les moyens d'une organisation. La répartition des tâches dans l'organisation amène les membres de celle-ci à employer les moyens de communication de façon différente.

Pour discussion :

La poste est une entreprise géographiquement disper-
sée. Même si la plupart des postiers sont rattachés à
un bureau local, il n'est pas certains que les employés
vont consulter les valves où sont affichés les mémos
ou les communiqués. Dès lors, si une information cru-
ciale doit leur être communiquée, il est préférable de
leur envoyer une lettre à leur domicile.

Nous utilisons la trilogie *stratégique, tactique et technique* pour caractériser chaque sorte d'agent. Il s'agit d'une classification que nous créons
spécialement pour identifier des rôles non reconnus dans la liste des
postes de l'organisation. Même si un rôle comme celui d'agent stratégique est assez souvent détenu par le cadre supérieur de l'organisation dans
l'autorigraphe, on ne peut en déduire qu'il y a adéquation absolue entre les
deux si l'on considère l'opéragraphe ou le personnigraphe, d'où la nécessité d'utiliser un vocabulaire particulier pour éviter ce genre d'adéquation
automatique qui peut fausser l'évaluation d'un réseau et entraîner des utilisations improductives.

L'agent stratégique

L'état d'un réseau, tel que perçu par le communicateur, peut être associé
aux formes culturelles persistantes qui ont pour *fonction* de maintenir les
valeurs de l'organisation. Cela suppose que cet état réponde aux besoins
de tous les membres de l'organisation. Or, ce n'est pas toujours le cas. Cet état
répond beaucoup plus aux besoins d'une personne ou d'un groupe
de personnes qui ont réussi à imposer leurs préoccupations à l'ensemble de
l'organisation. C'est pourquoi nous cherchons d'abord à identifier cet
agent stratégique qui établit le cheminement habituel d'un réseau.

Il indique, par rapport à un réseau, la conduite générale à suivre pour
atteindre les objectifs fixés par l'organisation. C'est habituellement le cadre
supérieur de l'organisation qui remplit ce rôle. Toutefois, il peut le confier
à quelqu'un d'autre, comme le responsable des systèmes d'information
ou un directeur des télécommunications. La présence ou l'absence

d'une telle délégation témoigne de l'importance que le cadre supérieur accorde au moyen touché ou à l'instrument utilisé pour transmettre ce moyen. Responsable de l'attribution des ressources matérielles liées à un réseau technique, cet agent stratégique se voit chargé d'interpréter les besoins des membres de l'organisation en fonction des modes d'utilisation que lui-même valorise.

Ce rôle est généralement rempli par une seule personne. Cependant, on pourrait se retrouver avec plusieurs agents stratégiques à condition qu'ils exercent leur influence de la même façon. On ne peut, par la nature-même du rôle, se retrouver avec des tendances différentes, voire opposées, à moins d'étudier différents sous-groupes à l'intérieur de l'organisation. Alors on se retrouverait avec plus d'un réseau utilisant les mêmes moyens/instruments, mais d'une façon inspirée par des agents stratégiques différents.

L'agent stratégique influence l'utilisation du réseau par son **attitude** vis-à-vis celle-ci : il en favorise *l'imposition, l'adaptation ou le rejet*.

L'imposition : il attribue au réseau une vertu intrinsèque qu'il ne cherche pas à remettre en question. Il a tendance à confier à des experts externes la mise en place d'un réseau (moyen et instrument), une fois qu'il l'a choisi. Il ne conçoit pas que l'on puisse agir autrement.

Pour illustration :

L'agent stratégique a constaté que son concurrent dispose d'un système de réception téléphonique assistée par ordinateur. Il engage une société-conseil à laquelle il demande d'installer le même système. Pourtant, une consultation de ses employés lui aurait fait comprendre que les agents commerciaux de son organisation tenaient, lorsqu'ils étaient à l'extérieur, au contact personnalisé avec la téléphoniste qui pouvait rapidement les mettre en communication avec la personne-ressource recherchée.

L'adaptation : il croit nécessaire d'apporter une attention particulière à l'ajustement du réseau aux caractéristiques de son organisation et aux besoins de ses membres. Il cherche à impliquer les cadres dans la gestion de l'implantation du moyen; il forme des groupes de pilotage avec des employés pour assurer son bon fonctionnement.

Pour illustration:

Toujours dans notre exemple, l'agent stratégique a formé un groupe de travail chargé de rencontrer des fournisseurs. Celui-ci a travaillé avec une société-conseil pour choisir les modules d'un système téléphonique compatible avec les habitudes des clients et a demandé aux employés d'évaluer les différentes propositions des fournisseurs. Même si cela devait prendre plus de temps, l'agent stratégique était convaincu que cette procédure éviterait des erreurs coûteuses et faciliterait l'implantation ultérieure du système choisi.

Le rejet: il trouve le réseau technique inutile, perturbateur ou même dangereux pour la productivité de l'organisation. Il prône le démantèlement ou le rejet complet de certains réseaux, car, il maintient un doute systématique quant à la pertinence organisationnelle ou à la délinquance individuelle qu'ils produisent.

Pour illustration:

Dans ce cas-ci, l'agent stratégique de notre exemple déteste «se faire répondre par une machine». Il refuse de rencontrer le fournisseur dont le directeur des achats avait entendu parler en termes élogieux. Il ne se gêne pas pour exprimer publiquement son mécontentement envers ce dernier qui a «osé» brancher son téléphone personnel sur une boîte vocale. «Il n'a qu'à transférer ses appels sur son téléphone mobile.»

Il y aussi la crainte (ou la conviction) d'une utilisation , selon lui, «délinquante» du réseau.

Pour discussion :

« Un cynique est celui qui, lorsqu'il ressent une odeur de fleurs, se met à chercher où se trouve le cercueil. »

(H.L. Mencken, cité par Michael LeBoeuf, 1980, p. 240.)

Il n'est pas facile de déterminer les sources véritables des attitudes de l'agent stratégique. Elles peuvent se retrouver dans les pressions des financiers, les exemples des concurrents ou les préjugés de son milieu socio-culturel, la méconnaissance des moyens.

En revanche, ces attitudes s'expriment : dans le discours, les politiques et les habitudes de l'agent stratégique. Dans son discours, l'agent stratégique a l'occasion de se prononcer sur la valeur qu'il accorde aux différents moyens de communication. Cela se fait dans le cadre d'interventions publiques aussi bien que dans celui d'échanges informels avec ses collaborateurs. Par exemple, l'agent stratégique profite de la réunion bimensuelle des cadres pour féliciter ceux qui organisent des réunions périodiques avec leurs employés.

Le discours peut s'incarner dans des politiques. L'agent stratégique influence le comportement des membres de l'organisation en recourant à des mesures incitatives ou coercitives pour les amener à utiliser le réseau qu'il valorise. Par exemple, l'agent stratégique impose à ses cadres un calendrier de réunions périodiques avec leurs collaborateurs ou implante une politique de porte ouverte qui règle les rapports des employés avec l'encadrement.

Ces politiques découlent des valeurs que l'agent stratégique espère retrouver dans l'ensemble de l'organisation. Elles peuvent aussi apparaître, soudainement, indispensables au règlement d'une situation de crise ou d'une crise potentielle. À titre d'exemple, la nouvelle politique de porte ouverte est annoncée quelques semaines avant le début des négociations pour le renouvellement de la convention collective des employés.

Les experts disent que l'imitation des habitudes de travail relève des mêmes forces que l'imitation des parents. Quand le membre d'une organisation croit qu'il peut ainsi attirer l'attention d'un supérieur, il utilise les mêmes réseaux de la même façon que ce supérieur. Par exemple, si l'agent stratégique trouve que les écrits prennent trop de temps à provoquer le changement souhaité, il aura plutôt recours aux réunions. Sa propre fébrilité risque de s'étendre à l'ensemble de l'organisation qui aura tendance à se mettre au même rythme que lui. L'écrit devient alors un moyen de communication exceptionnel et, de par ce fait, chargé d'expression de pouvoir. Par ailleurs, il peut aussi favoriser le recours à l'instrument de papier en exigeant constamment des preuves de l'état d'avancement de ses projets préférés.

Pour discussion :

« … l'expression même d'un dirigeant peut, par mimétisme, s'étendre à ses principaux collaborateurs qui reproduisent un exemple, jusqu'à imiter son port ou sa gestuelle. Ce sont des expressions, des tics verbaux, des mots chargés d'un nouveau sens par emprunt, élargissement ou détournement sémantique, seulement identifiables par les complices qui les utilisent à la fois et tour à tour comme protection ou barrière, moyen de marquer un territoire, de protéger des connaissances ou le pouvoir d'évaluer l'autre, de lui interdire un accès, ou arme destinée à le blesser. »

(Bernard Logié et Dora Logié-Naville, 2002, p. 61.)

L'agent stratégique peut parfois envoyer des signaux croisés. Il y a des cas où les habitudes, les politiques et le discours ne concordent pas. À titre d'exemple, l'agent stratégique a l'habitude d'organiser lui-même les fêtes de fin d'année, mais son discours insiste sur le coût élevé de ces festivités et sa politique ne permet pas de modifier les heures de travail afin que tous les employés puissent y participer dès le début. Cela n'incite pas les employés à proposer la répétition de ce genre d'activités.

Pour discussion :

« Je crois qu'on perd beaucoup trop de temps quand on laisse l'organisation essayer de régler les questions difficiles. Le cadre supérieur finit toujours par se sentir obligé d'intervenir à la dernière minute. Il devrait donc s'en mêler dès le départ... »

(John D. Allan, pdg Stelco, The Financial Post 500, été 1985.)

Le nouveau pdg d'une société en difficulté rencontre, pour la première fois, ses principaux collaborateurs. « À cette époque, le format standard de toute réunion importante chez IBM consistait en une présentation utilisant un rétro-projecteur et des graphiques sur transparents... Nick (Donofrio) en était rendu à son deuxième transparent quand je me suis levé et que, le plus poliment que je pouvais le faire devant les membres de son équipe, j'ai éteint le projecteur. Après un long moment de silence embarrassé, j'ai dit : Parlons simplement de votre affaire... Je mentionne cet incident parce qu'il a créé, de façon imprévue, une vague terriblement puissante. L'après-midi même un courriel racontant que j'avais éteint le rétro-projecteur faisait le tour du monde. Quelle consternation ! C'était comme si le président des États-Unis avait banni l'usage de l'anglais des réunions de la Maison-Blanche. » (n.tr.)

(Louis V. Gerstner Jr., pdg IBM, 2002, p. 43.)

Les agents tactiques

L'agent tactique est celui qui *initie* l'action de communication. Il choisit, pour son action, un réseau humain et un réseau technique afin de combiner les caractéristiques de chacun de ces réseaux et d'obtenir ainsi le maximum d'efficacité.

Le mot *initie* est fort important.

Dans le réseau rencontre téléphonique, l'agent tactique est celui qui amorce la communication. Dans le réseau réunion physique, c'est celui qui la convoque. Dans le réseau lettre-papier, c'est celui qui décide du contenu, même si la formation de ce contenu devait être réalisée par quelqu'un d'autre. Dans certains cas, l'attribution du rôle d'agent tactique implique un jugement sur l'ordre et l'importance des interventions des acteurs dans la séquence de production ou de réalisation. Dans les réseaux rapports, l'agent tactique est celui qui commande le rapport et non celui qui le rédige.

Pour discussion :

Qu'en est-il du journal interne? Qui est le véritable agent tactique? Le responsable des communications qui choisit les contenus? Le rédacteur en chef qui les ordonne et les met en page?

Le portrait d'un réseau doit identifier les agents tactiques habituels d'un réseau. S'il n'y a, habituellement, qu'un agent tactique pour une seule action de communication, ce rôle est rempli par plusieurs personnes dans l'ensemble des actions réalisées avec un réseau. C'est pourquoi nous utilisons le pluriel, les agents tactiques. Par exemple, qui envoie habituellement des mémos? Seule la grande patronne? Ou les membres de la direction? Les vice-présidents ou les secrétaires? Si ce sont les secrétaires, ce n'est pas parce que la présidente en a déjà envoyé un, qu'elle devient un agent tactique.

Les agents techniques

L'agent technique est celui qui facilite le cheminement de l'action de communication dans un réseau. Il s'agit de toute personne, spécialiste ou non, qui intervient pour permettre à l'agent tactique d'utiliser un réseau ou de continuer à l'utiliser en cas de panne ou de difficulté. Cela va du concierge qui ouvre et prépare la salle de réunion à la technicienne en informatique qui assure les premières interventions de dépannage. Ces agents peuvent même être à l'extérieur de l'organisation. Ils font partie du réseau à condition d'avoir un lien privilégié avec l'organisation, comme un contrat de service, une complicité commerciale ou professionnelle.

Pour discussion :

Selon un sondage (2007) d'Ipsos Reid pour Canon Canada, que font les acteurs quand ils sont confrontés à un problème avec une imprimante?

- seulement 6% contactent la direction interne de l'informatique

- 76% essaient de le régler eux-mêmes

- 13 % signalent le problème à un supérieur

- 2 % essaient de rejoindre le fabricant ou le vendeur

- et les autres… laissent le problème au suivant.

LES LIEUX DE RÉCEPTION

Les éthologues étudient le comportement animal et les relations entre les organismes et leur environnement. Le biotope, c'est l'environnement dans lequel évolue chaque organisme. Il influence l'évolution de chaque espèce animale. Or, l'homme a créé sa propre biotopie en s'entourant de ses propres prolongements… dont les réseaux techniques de communication.

Le territoire, c'est le lieu approprié par un organisme et défendu contre tous les autres membres de son espèce. Il sert à la protection contre les prédateurs, à la reproduction (le nid), et à la distribution des ressources évitant la surexploitation.

Le territoire est un lieu de pouvoir. Pour initier sa communication, l'agent tactique utilise un pouvoir physique, matériel ou d'expert attaché à sa personne ou à sa tâche. Tous les membres d'une organisation possèdent l'un ou l'autre de ces pouvoirs. L'employé contrôle la ressource de son travail qu'il peut retirer à l'organisation par la grève ou la délinquance. Il possède aussi un pouvoir de compétence sur l'instrument qu'il utilise. L'agent technique peut, par exemple, retirer un pouvoir lorsqu'il contrôle les ressources informatiques de l'entreprise. On a tous à l'esprit le responsable informatique qui est administrateur de tout le parc informatique. Que faire lorsque celui-ci part en vacances avec le mot de passe ?

On se sert d'un pouvoir pour attirer l'attention du récepteur, pour la maintenir et pour obtenir le changement faisant l'objet de sa communication. On le renforce en pratiquant la communication dans son propre lieu de pouvoir, c'est-à-dire l'espace où l'on exerce habituellement son pouvoir physique, matériel ou d'expert, donc habituellement dans son espace de travail. Le patron convoque ses collaborateurs dans son bureau pour une réunion. Mais les actions d'un réseau peuvent aussi se faire dans l'espace identifié aux récepteurs. Le patron va sur le plancher de l'usine pour des rencontres-contacts avec les contremaîtres. Ou encore dans un espace neutre, si l'agent tactique souhaite favoriser la consultation ou la prise de décision en groupe. C'est la fonction de ces salles de réunions polyvalentes où tous les regroupements sont possibles.

Pour discussion :

Si le lieu de pouvoir semble plus facile à cerner dans le cas des moyens sur l'instrument contact, il faut étendre ce concept à tous les instruments. Dans quels espaces sont situés les instruments imprimé ou télématique permettant d'utiliser un réseau ? L'utilisation de la surface de transmission ou d'exposition d'un moyen imprimé ou télématique peut affirmer le pouvoir par l'en-tête ou la signature.

EN RÉSUMÉ :

- L'agent stratégique influence
- L'agent tactique initie
- L'agent technique soutient.

Le diagnostic
des réseaux techniques

Après avoir fait le portrait et l'examen des réseaux, nous allons faire le diagnostic de leur fonctionnement afin de proposer des prescriptions pour l'améliorer ou pour en corriger les défaillances.

Nous allons appeler *entropie* la désorganisation progressive d'un réseau. Nous empruntons ce terme à la deuxième loi de la thermodynamique selon laquelle l'énergie passe spontanément d'un état de plus grande organisation vers un état de moindre organisation.

Nous avons regroupé les entropies en trois catégories : de conception, d'utilisation et de circulation.

L'ENTROPIE DE CONCEPTION

L'entropie de conception touche à la nature même du réseau. De ce fait, elle relève souvent de l'agent stratégique. Elle provient d'erreurs dans la *sélection* du réseau, la *distribution* de ses composantes ou, encore, de son *usure*.

La *sélection* : Le réseau ne correspond pas au fonctionnement de l'organisation. Cela peut porter sur sa nature ou sur la version retenue.

Pour illustration :

Un réseau impliquant l'instrument contact exigerait un fonctionnement en temps parallèle alors que l'organisation fonctionne en temps perpendiculaire (les horaires des acteurs s'entrecoupent). Ou il devrait se dérouler dans des lieux neutres, mais ceux-ci sont progressivement disparus au nom d'une plus grande rentabilisation des espaces disponibles.

La *distribution* : les composantes ne se trouvent pas aux bons moments et dans les bons endroits, entre les mains de ceux qui en auraient le plus besoin et qui en feraient le meilleur usage. On privilégie souvent le prestige de l'autorigraphe aux besoins de l'opéragraphe.

Pour illustration :

L'organisation dispose d'un nombre limité de téléphones mobiles. Ils ont été remis aux cadres qui ne sortent presque jamais de leur bureau. On ne peut joindre les représentants sur la route que par des téléchasseurs ou bippeurs, ce qui réduit leur capacité de réaction.

L'*usure* : le réseau ne correspond plus au fonctionnement de l'organisation ou aux besoins de ses membres, parce qu'il a perdu une partie de ses caractéristiques initiales.

Pour illustration :

Après des ajouts successifs de fonctions additionnelles, le programme de courriel (mémo ou lettre/télématique) tombe souvent en panne. Les membres de l'organisation ne lui font plus confiance et doublent les mémos télématiques par des versions imprimées qui alourdissent le courrier interne.

L'ENTROPIE D'UTILISATION

Un réseau est mal utilisé par ceux qui sont responsables du codage (les agents techniques) ou par ceux qui doivent procéder au décodage pour comprendre le message.

Pour réflexion :

Le raz de marée des mails fait boire la tasse à nombre de salariés, drainant sur son passage stress et manque d'efficacité. Une meilleure gestion des messages permettrait d'économiser un mois de travail par an et par salarié ! C'est ce qui ressort d'une étude de la Fondation Suisse Productive. Cet organisme patronal suisse estime que les salariés helvètes pourraient augmenter leur productivité de 8,55 millions d'heures par semaine en utilisant mieux leur messagerie.

(Florence Brunel, LEntreprise.com, 10/09/07.)

Il s'agit souvent d'une faiblesse dans la formation des membres de l'organisation. L'agent stratégique est convaincu que le coût d'une telle formation ne saurait se justifier. Il finira par reprocher à l'instrument du réseau d'être la cause des problèmes entraînés, en fait, par le manque d'apprentissage des utilisateurs.

Pour illustration :

Les employés à l'accueil d'un hôtel ont dû faire l'apprentissage d'une gestion informatisée des chambres, tout en continuant à utiliser l'ancien système papier pour répondre aux clients. Après deux mois, un observateur constate que certains d'entre eux continuent à se fier à des «bouts de papier» tout en remplissant, plus ou moins correctement, les formulaires informatisés. Ces dédoublements donnent lieu à des erreurs qui sont attribuées au nouveau logiciel.

On retrouve, là aussi, la dichotomie appelée, en anglais, « *Depth First / Breath First*». A-t-on cherché à former complètement, « *en profondeur*», un petit nombre d'utilisateurs qui serviront de modèles et de références à ceux qui suivront ? Ou superficiellement, un très grand nombre (« *longue portée*») d'entre eux ? Les deux choix peuvent s'imposer selon les conditions trouvées dans l'organisation, mais un mauvais choix exigera finalement un retour à la case-départ.

L'ENTROPIE DE CIRCULATION

Le réseau ne peut plus suivre l'évolution de l'organisation. L'instrument avait été bien choisi et distribué au départ. Il n'y a donc pas d'entropie de conception. Toutefois, la quantité de communications est devenue trop grande pour l'état dans lequel il se trouve. Ou l'on canalise une partie des communications vers un autre instrument ou on lui fait subir une expansion. Cependant, au moment de l'évaluation, ces deux solutions n'ont pas encore été appliquées et le réseau est embouteillé.

Pour illustration :

L'agent stratégique de l'organisation favorise la tenue de réunions-contacts et de prises de décisions collectives. Les contacts de ce genre sont devenus tellement nombreux qu'il est impossible de participer à tous ou même d'en coordonner la programmation. Les sujets se recoupent, les participants se croisent et les lieux disponibles sont surchargés. C'est la réunionite aiguë, une maladie qui frappe beaucoup d'organisations.

Les entropies sont souvent liées, l'une provoquant l'autre.

Pour illustration :

Le choix d'un programme de courriel inapproprié aux besoins de l'organisation (entropie de conception) fera que les mémos télématiques seront mal composés (entropie d'utilisation) et qu'on devra en multiplier les corrections et les précisions jusqu'à ce que l'instrument soit embouteillé (entropie de circulation).

Arrêtez de communiquer ! Le communicateur évalue la portée de l'entropie sur son projet de communication. S'il la juge trop importante, il abandonne le projet d'utiliser un réseau qui s'annonçait pourtant comme approprié à son objectif. Sinon, il prend des mesures négentropiques ponctuelles pour faire reculer l'entropie et contrebalancer les défaillances anticipées. Nous verrons plus loin qu'une certaine redondance volontaire peut parfois en découler. Évidemment, l'idéal serait qu'il puisse avoir mis en place ces mesures négentropiques avant même d'avoir besoin du réseau! Il s'agirait alors non plus d'un palliatif, mais d'un curatif.

Pour discussion :

Il faut prendre le temps de bien analyser les éléments qui semblent provoquer une néguentropie. Le désir de prescrire peut-il entraîner le «besoin» de le faire... même sans s'être assuré de la validité de l'examen. Il faut éviter la tentation de la «pensée magique» que l'économiste Robert Schiller avait décrite comme «la pratique – hélas trop fréquente chez les humains – d'établir de faux liens de causalité là où il n'y a vraiment que des coïncidences».

(Robert Schiller, cité dans «Has Robert Schiller Finally Got it Right?», Fortune, 28/09/98.)

Important: Cette loi de l'entropie progressive s'applique uniquement aux systèmes fermés qui ne reçoivent aucun apport d'énergie nouvelle de la part de sources extérieures au réseau technique, soit dans l'espace organisationnel, soit dans le temps technologique.

EN RÉSUMÉ :

- Les entropies de conception concernent l'*arrimage* du réseau et relèvent souvent des agents *stratégiques*

- Les entropies d'utilisation concernent l'*usage* du réseau et touchent surtout les agents *tactiques*

- Les entropies de circulation concernant l'*embouteillage* du réseau et appellent fréquemment des interventions des agents *techniques.*

La prescription des réseaux techniques : la néguentropie

Le diagnostic a permis d'identifier les entropies pouvant affecter le fonctionnement d'un réseau technique. La même loi physique qui nomme entropie cette tendance d'un système à perdre, progressivement, son efficacité, propose aussi le concept de néguentropie apportant au système des éléments susceptibles de l'aider à ralentir ou arrêter la tendance à l'entropie ou, encore, à prévenir son influence éventuelle.

Lorsque le communicologue (conseil) ou le communicateur (le décideur) constate la présence ou le risque d'une entropie, il peut prescrire une intervention néguentropique. Pour les réseaux techniques, nous allons classer ces interventions en quatre catégories : formation, trans-formation, trans-mutation, mutation. (Encore une fois, nous utilisons des termes qui n'ont aucune prétention scientifique universelle ; nous les avons choisis pour faciliter la rétention mnémotechnique.)

LA FORMATION

Si l'on craint ou constate une entropie d'utilisation, l'intervention la plus simple consiste à procéder à une formation des agents pour leur faire prendre conscience de leurs lacunes ou connaissances des façons plus efficaces de se comporter lors de l'utilisation.

Pour illustration :

«Les limites entre le travail et le divertissement s'estompent, mais ce n'est pas une excuse pour mettre en danger l'entreprise», commente Toralv Dirro, expert en stratégie de sécurité pour McAfee Avert Labs. «Les professionnels de l'informatique doivent trouver un difficile équilibre entre les besoins de l'entreprise et ceux des employés. L'option la plus réaliste consiste à mettre en place des règles d'utilisation équitables et à apprendre aux employés à utiliser ces sites d'une manière sûre.»

(Christophe Guillemin, «Facebook mieux perçu en entreprise que YouTube ou iTunes», ZDNet France, 09/11/07.)

Si l'agent stratégique joue un rôle majeur dans cette entropie, c'est peut-être à lui qu'il faudra adresser la formation, car son influence, par ses habitudes, pourra inspirer des ajustements chez ceux qui l'imitent. Cela peut aussi concerner ses politiques si le communicologue juge qu'une meilleure compréhension des avantages organisationnels du recours à la télématique amènerait l'agent stratégique à favoriser ce dernier dans son discours ou dans des investissements nouveaux en ce domaine.

Pour illustration :

Pour une entropie d'utilisation du mémo/télématique, on peut démontrer aux agents tactiques que leur recours à ce réseau serait plus efficace en se réservant des temps de réception ou en ayant recours à des modèles de rédaction propres à éviter les malentendus.

La formation peut aussi s'adresser à l'agent technique. Certes, on suppose que, par la nature de son rôle d'agent technique, il a déjà une bonne connaissance des particularités d'un réseau, mais cela ne lui donne pas, nécessairement, la compréhension des utilisations que peuvent en faire les agents tactiques. Les recours à ses services naissent de différents besoins. Il saura mieux y répondre s'il a une idée plus complète des applications associées au travail de chacun.

Car une réponse, techniquement correcte, n'arrive pas toujours à convaincre l'agent tactique plutôt préoccupé par les impacts de son utilisation sur ses activités. Une formation à la traduction du langage d'expert à celui des utilisateurs pourra alors s'imposer.

> **Pour illustration :**
>
> L'intranet et le besoin social : lors du lancement d'un intranet, il est essentiel pour l'émetteur comme pour le récepteur d'acquérir la compétence du mandaté, c'est-à-dire la capacité d'exécution du RT. Pour se faire, on peut jouer sur les besoins rencontrés par l'Intranet. Lors du lancement de son intranet universitaire aux FUNDP, l'équipe responsable du projet a mis à disposition des utilisateurs potentiels un espace de petites annonces. L'idée étant qu'à travers cette application rencontrant un besoin social les utilisateurs se familiariseraient avec les fonctionnalités et les outils standards à la plate-forme.

La trans-formation

La trans-formation ne s'adresse pas directement aux agents tactiques. Elle concerne plutôt le réseau lui-même. Il s'agit de « ré-former » le réseau en modifiant les pratiques, les instruments ou les lieux d'émission-réception. Cela concerne surtout les entropies de conception et de circulation.

Au niveau de la conception, le réseau est, de tous ceux qui sont disponibles, le mieux adapté aux besoins qu'il dessert, mais les politiques actuelles d'utilisation sont déficientes.

> **Pour illustration :**
>
> Les modalités de réservation d'une salle de réunion / contact sont tellement complexes que les agents tactiques potentiels préfèrent s'en tenir à une série de rencontres / contacts plutôt que de s'astreindre à ces modalités.

On doit alors trans-former ces règles pour ne pas décourager l'utilisation qui serait pourtant appropriée.

Cela peut aussi entraîner de nouveaux investissements, comme dégager un espace pour favoriser la tenue de réunions, la réalisation de rencontres (le regroupement, sur un même étage, des bureaux des acteurs ayant des besoins partagés) ou l'affichage de communiqués.

Les instruments ne répondent peut-être plus à l'augmentation ou à la diversification des communications réalisées par ce réseau. Il faudra *trans-former* les aspects physiques du réseau en modernisant le réseau téléphonique ou télématique ou en enrichissant sa puissance et ses modalités.

LA TRANS-MUTATION

Ce moyen est peut-être le meilleur pour répondre au besoin qu'il dessert. Mais il faudrait le trans-muter vers un autre instrument.

Pour illustration:

On souhaite maintenir les réunions périodiques dans l'entreprise. Mais il est très onéreux en temps et en frais de déplacement de réunir tous les acteurs concernés dans un même lieu. Une partie ou la totalité des réunions (il est pourtant nécessaire que les acteurs se retrouvent de temps en temps en un même lieu) peuvent être trans-mutée vers l'instrument téléphonique ou télématique.

La trans-mutation joue aussi dans l'autre sens. L'instrument satisfait certains besoins des acteurs dont les activités se déroulent dans des lieux ou des temps diversifiés. Mais il se pourrait que le moyen utilisé mène à une entropie d'utilisation ou de circulation. On pourra alors trans-muter vers un autre moyen, utilisant toujours le même instrument.

Pour illustration:

La multiplication des communiqués émis par différentes unités de l'entreprise surcharge les boîtes de réception. Les acteurs n'arrivent plus à détecter l'importance relative de chacun des messages. Tout en conservant l'instrument télématique, on peut trans-muter du moyen communiqué au moyen journal et bulletin périodique pour regrouper et classer les informations.

On comprend, par cet exemple, qu'une intervention néguentropique peut en appeler une autre. La trans-mutation d'un moyen vers un autre, sur le même instrument, entraîne aussi une formation pour initier les agents à cette nouvelle pratique. Il en irait de même d'une trans-mutation d'un instrument à un autre.

LA MUTATION

Si la trans-mutation conserve l'un des deux éléments du binôme moyen / instrument, la mutation transfère les besoins vers un nouveau réseau marqué par l'apparition d'un moyen et d'un instrument qui ne faisaient pas partie du réseau dont on veut corriger l'entropie.

Le moyen ou l'instrument composant le nouveau réseau peuvent déjà exister dans l'entreprise, mais ils n'ont jamais été associés aux besoins concernés. En fait, tenant compte de notre démarche, il s'agit d'un nouveau réseau (un réseau étant défini par le tandem exclusif d'un moyen et d'un instrument).

Il s'agit là d'une prescription extrême, car il faudra évaluer, avant de la proposer, les éléments B.A.L. de ce nouveau réseau et leur impact sur le fonctionnement et les ressources de l'entreprise.

LA NÉGUENTROPIE PARTIELLE OU COMPLÈTE

Les illustrations que nous avons données ont déjà signalé que l'intervention néguentropique peut être partielle ou complète. Il se pourrait que, seulement, une partie des besoins provoquant l'entropie appelle cette intervention.

Pour illustration :

La trans-mutation des communiqués / télématique vers un périodique / télématique pourrait n'être que partielle.

> Certains communiqués pourraient toujours être émis selon l'ancienne façon. L'important, c'est que leur apparition soit soumise à des règles claires pour l'ensemble des acteurs, à l'émission comme à la réception.

LE BUDGET IMPLIQUÉ

Le communicologue peut prescrire des opérations de néguentropie. Nous verrons dans un prochain chapitre qu'il est, comme le médecin, amené à pratiquer certaines interventions communicationnelles pour faciliter le déblocage d'une situation ou le pontage organisationnel entre les acteurs et de nouveaux instruments ou de nouvelles pratiques. Il n'en demeure pas moins que ce sont les décideurs de l'organisation qui doivent accepter cette prescription. Le message de changement devra être soutenu par une intervention du communicologue. L'une des connaissances auxquelles les décideurs voudront se référer, c'est le coût de ce changement. Le communicologue a donc tout intérêt à s'en faire une idée avant de soumettre sa prescription.

Nous ne pouvons, dans le contexte du présent ouvrage, traiter de tous les aspects d'un budget. Cela ferait l'objet d'un livre complet, d'autant plus que les montants impliqués dépendent du contexte dans lequel l'opération est réalisée.

Néanmoins, nous vous proposons, comme nous le faisons depuis le premier chapitre, une petite grille mnémotechnique pour vous aider à débusquer les différents points budgétaires pouvant se cacher derrière l'un d'entre eux. En effet, il arrive que l'un des quatre points dont nous allons parler, occupe tellement de place qu'on en oublie les autres . On peut aussi être tenté de les ignorer volontairement sous prétexte de leur insignifiance relative par rapport à celui que l'on a retenu et qu'on prévoit le plus difficile à faire accepter.

Notre grille s'appelle I.D.E.M. pour Installation, Dégagement, Engagement, Matériel.

I.D.E.M

Installation

Ce point couvre tous les investissements physiques en termes d'espaces ou de machineries. On peut avoir à réaménager ou ajouter des espaces. La construction d'une addition pour se doter d'une salle de réunion ou pour loger l'équipe de rédaction d'un nouveau journal interne entraîne aussi des frais de mobilier. Le réaménagement d'un espace déjà occupé n'est pas neutre. Il faut reloger ceux qui l'occupaient ou, encore, réduire leur espace disponible.

Il faut acheter ou louer de nouvelles machines pour l'imprimé, la téléphonie ou la télématique. Parfois, il ne suffit pas d'ajouter ou de multiplier. Il faut monter la qualité ou la performance d'un échelon et donc renouveler le parc entier d'appareils.

Dégagement

« Il n'y a pas de problème. On a quelqu'un qui peut faire cela. » Mais ce « quelqu'un » remplit déjà d'autres tâches au sein de l'entreprise. Il faudra donc le dégager de certaines de ces tâches pour assumer les nouvelles qui découlent de la prescription, et donc, abandonner ces tâches ou engager quelqu'un d'autre pour les assumer. (Dans ce dernier cas, il faudra passer au point suivant : engagement).

Certes, nous n'ignorons pas la tendance actuelle à augmenter les tâches des acteurs, dans le but d'améliorer la productivité et la rentabilité de l'entreprise. Le communicologue est bien placé pour connaître les conséquences malsaines de cette pratique, à court terme sur la motivation des acteurs et à long terme sur la performance des entreprises. Il doit donc tenter d'éviter que sa prescription n'entraîne une telle pratique en prévoyant les coûts de tout dégagement.

Engagement

Comme nous venons de le voir, on peut être obligé d'engager un nouvel acteur pour dégager celui auquel on vient d'ajouter de nouvelles tâches. Certes, on pourrait engager cet acteur pour accomplir les nouvelles tâches, mais on peut préférer les confier à quelqu'un qui exerce déjà des tâches connexes ou qui, au moins, connaît bien le fonctionnement et les acteurs de l'entreprise.

Si on ne possède pas, dans l'entreprise, la ressource humaine capable d'assumer la nouvelle tâche (ce qui ne serait pas surprenant étant donné qu'on n'a jamais senti le besoin d'avoir quelqu'un qui aurait un pouvoir d'expert dans un domaine… dont on ne croyait pas avoir besoin !), il va falloir procéder à un engagement.

Va-t-on engager quelqu'un à plein temps ou à temps partiel ? Créer un poste ou confier un mandat à un pigiste ? Revoir la distribution des tâches pour créer un bouquet qui justifie l'emploi de quelqu'un à plein temps ?

I.D.E.M. (*Suite*)

Matériel

C'est peut-être le point auquel on pense le moins. Et pourtant, il faudra, dans bien des cas, prévoir des dépenses de matériel pour faire fonctionner le nouveau réseau ou assurer son utilisation maximale. Il y a le papier du réseau imprimé. Mais aussi, les coûts d'impression, de distribution, et tout ce qui concerne l'entretien des appareils ou des espaces. Il faut éviter que l'opération néguentropique ne soit victime, après un certain temps, d'un changement d'attitude de la part des décideurs confrontés à des coûts de matériel imprévus.

LA PROGRAMMATION

DES INTERVENTIONS

Dans la section sur les réseaux humains, la prescription portait sur une modification des connaissances, attitudes et pratiques (C.A.P.).

Il pourra en être ainsi pour les réseaux techniques. Nous avons vu, dans le chapitre consacré aux néguentropies des réseaux techniques, que celles-ci entraînent des investissements nouveaux. On comprend facilement que la néguentropie de formation implique l'un ou l'autre des éléments du C.A.P.

Pour corriger les pratiques déficientes, sources d'entropie, il faudra probablement apporter de nouvelles connaissances pour permettre aux agents d'adopter des pratiques plus efficaces. À moins qu'il ne s'agisse de revenir à d'anciennes pratiques abandonnées pour des raisons de négligence ou d'expérimentation de nouvelles pratiques s'étant, par la suite, révélées moins productives que les anciennes. Pour amener les agents à abandonner leurs pratiques actuelles et adopter celles qui sont proposées, il sera peut-être opportun de modifier les attitudes. En effet, certains pourront rester attachés, par crainte du changement, aux pratiques actuelles ou pourront transposer aux nouvelles pratiques les attitudes négatives développées dans les anciennes. Les connaissances fournies au cours de la formation ne garantissent pas nécessairement l'apparition de nouvelles attitudes plus positives face à l'utilisation d'un réseau.

Il en va tout autant des néguentropies de trans-formation, de transmutation ou de mutation. Elles impliquent des investissements dont la décision relève des gestionnaires. Une première série d'interventions communicationnelles pourra se faire au niveau des changements de connaissances, d'attitudes et de pratiques de ces derniers pour les amener à prendre cette décision. Une fois que les investissements auront été réalisés, une deuxième série d'interventions procédera à des changements de C.A.P. chez les agents tactiques et techniques afin d'assurer la meilleure utilisation possible de réseaux techniques modifiés (trans-formation, trans-mutation) ou créés de toutes pièces (mutation).

Comprenant que le programme d'intervention communicationnelle touche les connaissances, les attitudes et les pratiques dans les deux sortes de réseaux, nous pouvons aborder la programmation de ces interventions.

Dans cette dernière partie, nous nous intéresserons tout d'abord au but du programme, c'est-à-dire sa cible, l'élément du C.A.P. à modifier, et le temps dont nous disposons pour y arriver (chapitre 11). Ensuite, nous détaillerons le scénario composé de plusieurs projets permettant d'atteindre l'objectif. Pour chaque projet, le communicologue veillera à identifier les acteurs ciblés, le changement attendu, et les réseaux humains et techniques, utilisés pour véhiculer le message du projet (chapitre 12). Nous discuterons finalement de l'évaluation, bien trop souvent négligée, tant par le gestionnaire que par le communicologue (chapitre 13).

Le but
d'un programme

Il faut ici bien différencier but et objectif. Le but, c'est quelque chose d'abstrait. L'objectif, c'est quelque chose de quantifiable et de vérifiable accompli pour atteindre le but. Par exemple, un centre hospitalier pourrait avoir pour but de fournir aux citoyens un service de santé adéquat. Un objectif serait d'avoir, dans un an, réduit de moitié le temps d'attente dans sa salle d'urgence.

Le programme s'attarde au but de l'intervention duquel les projets vont découler. Ces projets auront chacun leur objectif comme nous le détaillerons dans le chapitre 12.

Avant de scénariser les différentes interventions, on établit un cadre général d'intervention afin d'orienter l'imagination, la recherche et la conception. On établit d'abord, la cible à atteindre, l'élément prioritaire du C.A.P. pour chacune de ces cibles et enfin le temps disponible pour le faire ou ce que nous appellerons *la fenêtre*.

LA CIBLE

On identifie tous les acteurs dont il faudra modifier le C.A.P. En déterminant cette cible , on peut constater qu'elle est diversifiée. Plusieurs groupes d'agents différents doivent être atteints.

Pour illustration:

Pour obtenir des investissements nouveaux, il faut changer l'attitude des décideurs. Puis, une fois l'investissement réalisé, les connaissances des utilisateurs. Et, finalement, l'attitude des agents techniques qui ne voient pas d'un très bon œil le surcroît de travail apporté par de nouveaux instruments plus complexes, alors qu'ils se sentent déjà surchargés de travail pour maintenir le niveau actuel de fonctionnement du réseau.

Chacun de ces groupes peut appeler une priorité de C.A.P. différente. Il faut donc bien préciser, dès le départ, le but du programme pour chacune des divisions de la cible, ou, si l'on préfère, pour chacune des cibles.

LA PRIORITÉ DU C.A.P.

On situe d'abord l'élément le plus important parmi les trois du C.A.P. Certes, les deux autres pourront se révéler indispensable à l'atteinte de celui qui forme le but du programme, mais leurs résultats ne peuvent, à eux seuls, justifier le programme. Cette identification évite aux intervenants de se laisser détourner par les exigences techniques d'un élément moins important ou par la satisfaction professionnelle qu'ils peuvent tirer de sa réalisation.

Pour illustration:

Le communicologue connaît bien l'utilisation d'un nouvel instrument télématique. Il en parle avec passion. Au cours de réunions avec les agents tactiques, il réussit à communiquer sa passion et à inspirer une attitude positive envers le changement. Le jour où l'instrument doit entrer en fonction, on découvre que les utilisateurs n'ont pas les connaissances nécessaires pour réaliser le changement de pratique, car ce n'est pas la même chose de voir quelqu'un faire quelque chose avec facilité (provenant de sa propre expérience) et de le faire soi-même.

Il est possible que le moment où aura lieu le changement de pratique soit connu et accepté de tous les acteurs impliqués. Ils connaissent aussi la nouvelle façon dont il faudra procéder. Ainsi, le changement de connaissance et le changement de pratique ne sont pas les éléments les plus importants dans le programme d'intervention. Toutefois, l'attitude de certains acteurs est plutôt négative face à un changement qui s'ajoute à une série d'autres qui n'ont pas tenu leurs promesses. On comprend que le changement d'attitude deviendra, dans ce cas, l'élément important du programme.

LA FENÊTRE

Nous utilisons, ici, le terme *fenêtre* dans le sens où les entreprises aérospatiales ou les navigateurs marquent, dans leur calendrier, le jour et l'heure quand toutes les conditions propres à un lancement ou au départ en mer commenceront à être réunies jusqu'au jour et à l'heure où ils finiront de l'être.

La scénarisation d'un programme ne se fait pas hors du temps. Certes, une entropie peut être anticipée. On a prévu que, si la tendance se maintient ou si les changements organisationnels se réalisent (nouveaux marchés, acquisition ou fusion augmentant le nombre des utilisateurs), on fera face à une entropie. On cherche à la prévenir. On a donc une fenêtre assez large d'intervention.

Idéalement, la fenêtre d'un programme d'intervention devrait se fermer avant que la tendance diagnostiquée par le communicologue n'atteigne son point de non-retour, ou encore, que le changement organisationnel ne commence à faire sentir ses effets.

Si l'entropie peut être anticipée, elle est surtout observée. La fenêtre est alors plus contraignante. Une fois que l'on a convaincu les décideurs de procéder aux investissements néguentropiques, ils s'attendent à ce que les interventions communicationnelles permettent de les rentabiliser le plus rapidement possible.

Selon l'expression populaire, on ne peut ameuter les villageois pour débusquer un loup dit *menaçant* pour, ensuite, leur demander d'attendre que l'on ait, soi-même, le temps de se renseigner sur les habitudes de la bête en question.

Le programme doit donc proposer un calendrier, une fenêtre allant de la première intervention à la dernière. Avant cette fenêtre, il y aura le temps nécessaire pour scénariser les projets qui en découlent. Le communicologue peut puiser dans son expérience afin de réduire ce temps de préparation. Il doit aussi se méfier de ses habitudes. Chaque entreprise est différente, chaque groupe d'acteurs a, lui aussi, ses habitudes. Il doit d'abord apprendre à connaître sa cible en validant par des rencontres ce qu'il croit savoir d'elle ou ce que le gestionnaire-client lui en dit.

En résumé :

Le programme qui sert à la fois de cadre à la scénarisation et de proposition aux décideurs qui vont financer les interventions, répond aux trois questions :

- Quelles sont les cibles ?
- Quel est l'élément prioritaire du C.A.P. pour chacune de ces cibles ?
- Quelle est la fenêtre : début et fin des interventions prévues dans le programme ?

Les objectifs d'un projet

Après avoir validé les hypothèses contenues dans le but du programme (la cible et les C.A.P. des différents acteurs) et obtenu l'accord des gestionnaires, le communicologue doit maintenant scénariser les projets qui lui permettront d'atteindre le but.

Chacun des projets doit avoir son objectif caractérisé par une cible (un acteur ou un groupe d'acteurs), par un changement souhaité et par des réseaux humain et technique utilisés.

LA CIBLE

Dans le programme, on avait identifié la cible générale des interventions visant à résorber les effets du problème observé ou attendu. Il faut maintenant identifier les acteurs en fonction des différents changements de C.A.P. auxquels il faudra procéder pour atteindre ce but.

Pour illustration :

On peut vouloir changer l'attitude d'un cadre à l'égard de son utilisation du pouvoir d'expert. Il s'agit de l'amener à abandonner son attitude négative passive à l'égard du pouvoir d'expert attaché à sa personne auquel il n'ose pas avoir recours de peur de se le voir refuser par les récepteurs et ainsi de sentir son autorité diminuée devant eux. On veut le convaincre qu'une

attitude positive et active pourrait enrichir la collaboration au sein de son équipe (prescription d'une
intervention dans le cadre d'un réseau humain).

On peut aussi vouloir changer l'attitude de ses employés à l'égard de l'utilisation réciproque du pouvoir
d'expert, tantôt attaché à la personne, tantôt attaché à
la tâche, selon l'objet de chacun des communications
(prescription d'une intervention dans le cadre d'un réseau humain).

Dans l'exemple qui précède, on serait en mesure de regrouper les acteurs
(cadre et employés) dans une seule cible et n'avoir qu'un projet, puisqu'il
s'agit, dans les deux cas, d'un changement d'attitude, mais on pourrait
aussi utiliser les mêmes réseaux humain et technique pour le cadre et les
employés. Pour le cadre, on aura recours à une réunion / contact avec un
expert-conseil. Pour les employés, on privilégiera un simple article dans le
bulletin adressé à tous, afin de ne pas mettre le cadre sur la sellette devant
ses collaborateurs.

On constate déjà que l'identification des éléments d'un projet se fait
de façon itérative. La décomposition de la cible générale sera, par la suite,
modulée par les différents changements de C.A.P. et les réseaux les plus
appropriés pour rejoindre chacun des acteurs ou des groupes d'acteurs.
On est souvent appelé à revenir sur ce que l'on a déjà scénarisé. Même si l'on
est particulièrement heureux de la composition d'un projet, il faut savoir
le remettre en question s'il bloque le développement des autres projets du
programme. S'il est réalisé en équipe, ce travail exige une grande capacité
d'écoute et de négociation de la part de chacun.

LE CHANGEMENT DE C.A.P.

Chaque changement implique un projet différent. On pourrait imaginer
que dans le projet impliquant l'émetteur, il faille d'abord changer ses
connaissances des jeux de pouvoir (décrits plus haut) avant d'espérer
l'amener à modifier son attitude. On se retrouverait donc devant deux
changements à obtenir, et donc devant deux projets. Il se pourrait

que la même obligation s'applique aux récepteurs. Mais, pas nécessairement! Si ce n'est pas le cas, il faudrait se demander si le projet visant un changement d'attitude chez l'émetteur et le récepteur ne devrait pas être découpé en deux projets.

Pour éviter d'ignorer un changement préalable à celui que l'on vient de scénariser, on peut s'astreindre à composer un message résumant le changement souhaité. Ce message – qui n'est qu'un instrument temporaire de scénarisation – ne doit contenir qu'une proposition.

Pour illustration :

«Modifiez votre attitude face à l'utilisation du pouvoir d'expert dans vos communications.»

Si, en écrivant ce message, on constate qu'il faudrait y ajouter une autre proposition du genre «si vous comprenez…» ou «lorsque vous…», cette condition est un indice de la nécessité de procéder à un changement préalable.

Cela ressemble aux procédures de la programmation informatique. On inscrit une *commande,* du genre «exécuter le programme…». Mais on a recours à une *instruction* quand on inscrit : «si le résultat est plus grand que 20, passer à la ligne…». Cette instruction conditionne la commande.

Le message qui résume le changement est-il une commande ou une instruction? N'y a-t-il pas une instruction sous-jacente? Dans ce cas, il y aura un projet pour le changement préalable, et un autre pour celui auquel on avait d'abord pensé.

Dans le cas d'une intervention dans le cadre d'un réseau technique, le changement de pratique annoncé pour une date précise peut demander d'abord un changement de connaissance par rapport à l'utilisation d'un nouvel instrument (un appareil, un logiciel, un lieu de travail…) et même un changement d'attitude pour contrer les effets négatifs d'une situation ayant causé l'entropie.

On se retrouve donc devant autant de projets qu'il y a de changements, et si l'on a plusieurs cibles, on constate déjà une importante démultiplication des projets.

[
Pour discussion :

« On ne change pas, on devient. »

(Alain Gomez, pdg Thomson-Brandt, Paris-Match, 02/04/82.)
]

LE CHOIX D'UN RÉSEAU HUMAIN

Un projet porte une intervention dans le domaine des réseaux humains ou techniques. Il implique aussi ces réseaux dans sa réalisation. Qui va porter le message ? S'agira-t-il d'une personne ou de personnes dont les liens avec la cible relèvent de l'autorigraphe, de l'opéragraphe ou du personnigraphe ?

Il se pourrait qu'une cible regroupe des acteurs dont les uns seraient mieux joints par l'autorigraphe et les autres par l'opéragraphe. Autant de projets différents !

Un problème se pose lorsqu'on a recours à l'intervention d'une personne extérieure à l'entreprise, comme un expert-conseil. Celle-ci n'apparaît dans aucun des graphes. Alors, comment la relier à l'un d'entre eux ? La solution, à cette étape de la scénarisation des projets, c'est d'inscrire, dans le projet, le graphe de l'acteur et du réseau qui va introduire cette personne dans l'entreprise. C'est elle qui devra valider la crédibilité de cet intervenant.

[
Pour illustration :

On constate que deux des contremaîtres d'usine font preuve d'une résistance à transmettre à leurs employés des décisions de la direction qui pourraient ne pas plaire à ces derniers. La vice-présidente à la production engage un expert-conseil pour les aider à jouer leur rôle. C'est elle qui va leur annoncer la venue de cette personne-ressource et leur expliquer ce qu'on attend d'elle. Donc, pour ce projet, le réseau humain sera l'autorigraphe.
]

Il y a donc deux acteurs dans le même projet : l'acteur principal (l'expert-conseil) et l'acteur de soutien (la personne qui introduit et valide son intervention).

Pour référence :

«L'objectif de la consultation est d'aider le système-client à résoudre un problème ou à améliorer une situation. La façon dont le conseil s'y prend pour y arriver se traduit dans le ou les rôles assumés. Le conseil agit essentiellement en adoptant les comportements qui lui paraissent bien appropriés aux circonstances. Cependant, ces rôles sont également influencés par les valeurs et les croyances du conseiller. Ses comportements en sont l'expression manifeste.» L'acteur de soutien a donc le mandat de négocier les rôles et les comportements de l'acteur principal (l'expert-conseil) et de s'assurer que la cible les comprenne et les accepte.

(Yvan Bordeleau, 1986, p. 14.)

LE CHOIX D'UN RÉSEAU TECHNIQUE

La personne ou les personnes qui vont porter le message devront utiliser un réseau technique pour le faire. Ce choix se fait en fonction des habitudes de l'entreprise et de celles de la cible.

Certaines des personnes les mieux placées pour porter le message pourraient ne pas avoir une grande compétence dans l'utilisation du réseau technique choisi. À ce moment-là, on change de réseau ou l'on divise le projet afin de permettre l'utilisation du réseau par ceux qui peuvent le faire.

Pour illustration :

La direction de l'entreprise souhaite modifier les horaires de travail pour la période estivale. Elle tient à connaître l'opinion de ses employés. Elle veut s'assurer que ce changement ne rencontrera pas trop d'opposition. L'objectif du projet consiste donc à un changement de connaissance de la direction, provoqué par les employés en utilisant le moyen lettre sur l'instrument imprimé (un sondage). Il sera précédé d'un projet de changement de connaissance des employés : « voici notre projet et les raisons pour lesquelles nous le mettons de l'avant ». Il faut prendre une décision assez rapidement. Pour ce projet préalable, on a choisi le réseau humain autorigraphe (les cadres) et le réseau technique réunion/contact. Ce dernier étant un moyen synchrone, il offre aussi la possibilité d'obtenir une première réaction de la part des employés. Cependant, on sait que deux des cadres ont beaucoup de difficulté à s'exprimer devant l'ensemble de leurs employés (ils préfèrent les rencontres). Pour ces employés, on peut changer d'acteur en « remontant » dans l'autographe et en confiant ce rôle à un supérieur (telle la directrice régionale), mais on peut aussi faire un projet particulier pour ceux-ci en autorisant le réseau technique rencontre/contact. Le projet préalable de changement de connaissances des employés sera donc divisé en deux projets.

Un autre paramètre auquel il faut penser dans le choix du réseau technique, c'est la nécessité éventuelle d'avoir un feedback immédiat d'une intervention avant de procéder à la suivante, de passer d'un projet au suivant.

Pour illustration :

Si l'on juge qu'il faut d'abord changer les connaissances, on pourrait souhaiter vérifier l'acquisition de ces connaissances avant de procéder à un changement de pratique.

On choisira alors un réseau technique avec un moyen synchrone permettant de procéder à la validation du changement ou ajouter un nouveau projet aidant à le faire.

EN RÉSUMÉ :

On change de projet chaque fois que :

- La cible se décompose en plusieurs groupes
- Il y a plus d'un changement
- On doit recourir à plus d'un réseau humain
- On doit recourir à plus d'un réseau technique.

13

L'évaluation

La communication est aussi bien un art qu'une science. Nous l'abordons, dans ce livre, sous l'angle d'une science avec ses méthodes et ses modèles. Or, une science doit pouvoir évaluer les résultats de ses expériences.

Pour référence :

«Déployer un système d'information, c'est presque toujours tracer sa route en marchant. Nos expériences, positives ou négatives, réussies ou assumées, n'auraient aucun sens si nous n'étions pas capables d'en éclairer notre présent et nos projets. C'est la loi majeure du constructivisme qui veut que, si le chemin se fait en marchant, il est, sinon la résultante arithmétique et déterministe de nos démarches antérieures, cumulées et digérées. Nos expériences, mais aussi, beaucoup plus nombreuses, celles des autres.»

(Yves Chevalier, 2008, p. 13.)

Pour le communicologue, ces évaluations contribuent progressivement à l'enrichissement de la qualité de sa pratique. Certes, les analyses des théoriciens à partir des expériences étudiées lui fournissent des instruments d'évaluation des solutions avant même qu'il ne commence à scénariser son programme d'interventions. Il les a consultées afin de trouver des situations similaires à celles auxquelles il est confronté. Il a pu constater les résultats obtenus et adopter/adapter les solutions pour tenir compte de l'écart entre la situation présentée et celle qu'il était en train de traiter. Deux situations ne sont jamais semblables. Il peut y avoir cependant des similitudes qui pourraient justifier de s'intéresser à la solution qui avait été retenue dans le cas étudié.

Si le praticien construit à partir des résultats obtenus par des prédécesseurs ou des confrères (pour les répéter, les modifier ou les contredire), il doit lui-même valider ses hypothèses.

Le programme d'interventions, c'est l'hypothèse du communicologue. Il doit en évaluer les résultats pour se doter de modèles appropriés à sa pratique. Il tient compte du contexte dans lequel il travaille, des acteurs auprès desquels il intervient et de ses compétences (et limites). Ces conditions exigent, de sa part, d'avoir recours à des modèles qu'il a lui-même construits en tenant compte de toutes ces particularités. En identifiant des tendances et en validant ses hypothèses, il pourra aussi contribuer à l'évolution de sa profession par des écrits ou des exposés dans les différents lieux et événements où se retrouvent ses collègues praticiens (associations professionnelles, groupes de pratiques, déjeuners d'affaires…)

Pour discussion:

«Les évolutionnistes, dont je fais partie, croient que la concurrence est vitale à la création de nouvelles espèces. La bête ayant le plus gros cerveau, les griffes les plus acérées, ou la méthode la plus intelligente pour construire un nid l'emporte sur son ou sa rivale moins adroite, et a plus d'enfants.» Le communicologue ne doit-il pas, lui aussi, faire son nid?

(Howard Bloom, 2001, p. 74.)

Une évaluation, c'est essentiellement la vérification de l'atteinte d'un objectif ou d'un but. Le but du programme peut être vérifié de façon assez large. En fait le gestionnaire qui a commandé le programme saura signaler, assez rapidement, son degré de satisfaction par rapport à la résolution du problème ayant provoqué le programme. Quand la réaction est positive, le communicologue peut être tenté de s'en réjouir et de passer à autre chose, mais on joue dans un domaine où les critères d'évaluation peuvent être très subjectifs. On s'évite de nombreux désagréments en établissant, dès le départ, ces critères.

Pour illustration :

Dans le cas de l'introduction d'un nouveau logiciel d'enregistrement et de transmission des plaintes des citoyens, quel est le but ? La réduction de temps entre l'expression de la plainte et le règlement à la satisfaction du citoyen ? Le but est-il vraiment la réduction du temps ? Ou le taux de satisfaction des citoyens obtenu par un sondage périodique ? Où se termine le but de communication interne et où commence celui de communication externe ?

Pour le programme, le critère est donc le niveau de disparition du problème.

Il y aussi le niveau de réalisation de l'objectif de chacun des projets. C'est là que se joue la valeur de chacune des interventions du communicologue. Cette évaluation peut se faire à un premier niveau primaire : le changement souhaité a-t-il eu lieu ? C'est ce qui intéresse le gestionnaire.

Pour l'éducation du communicologue, on peut aussi s'intéresser à un niveau secondaire de l'atteinte du but du programme : on revient alors à la triple personnalité du récepteur. Étant donné le problème, les réseaux (humains et techniques) choisis ont-il permis de joindre les destinataires ? Ont-ils pu décoder le langage et les protocoles utilisés ? Ont-ils été correctement guidés dans leur interprétation du message ?

En fait, on pourrait parler de trois sortes d'évaluation, inspirées des pratiques du monde de l'éducation et liées à des étapes de la programmation.

L'ÉVALUATION FORMATIVE

Elle se fait pendant que l'intervention est en marche. Si l'on a identifié, dans un projet, la nécessité d'un feedback immédiat, cette évaluation doit se faire avant que l'on entame la réalisation du projet suivant. Si l'on a misé, sans possibilité de retour en arrière, sur l'efficacité attendue des messages et des réseaux utilisés, on peut attendre, à la fin du programme pour procéder à cette évaluation (sommative). Elle sera utile si on s'est fixé, pour une même cible regroupée, un pourcentage de l'atteinte du but du programme à un certain moment de la fenêtre temporelle. Ou encore si la cible exige, à l'intérieur d'un même projet, une multiplication d'événements semblables (réunion des employées avec la gérante dans chacune des boutiques) se déroulant sur une certaine période de temps. On peut ainsi ajuster le langage ou les protocoles ou, même, mettre un terme au projet et revenir à l'étape de scénarisation avant que les projets suivants n'aient verrouillé le programme, sans possibilité de retour en arrière.

L'ÉVALUATION SOMMATIVE

Elle contient les mêmes éléments que l'évaluation formative, sauf qu'elle se fait à la fin du programme. Elle sert alors à la réflexion ultérieure du communicologue, soit pour étudier l'efficience (rapport coût / résultat) des projets, soit pour essayer de trouver les causes d'une insatisfaction quant à l'atteinte finale du but du programme (dans quel projet a-t-on dévié de la séquence des objectifs prévue lors de la conception du programme ?)

Pour illustration :

« Pour notre programme d'automatisation, nous pensions que, si nous montions tous la colline à la course, les troupes nous suivraient. Mais, rendus à mi-chemin, nous nous sommes retournés et nous avons constaté qu'une partie d'entre elles était encore en bas à se demander si elles allaient rester là ou monter la colline avec nous. »

(Roger Smith, pdg GM, Newsweek, 07/09/87.)

L'ÉVALUATION PROSPECTIVE

Nous ajoutons une troisième étape d'évaluation. Nous l'appelons *évaluation prospective*. Après avoir scénarisé le programme, il s'agit d'en évaluer le *TotalChrono*, le temps de réalisation par rapport à la fenêtre établi au départ.

Pour cela, il faut établir le chrono de chacun des projets. Le chrono va du début à la fin de la communication. S'il y a, dans un projet, plusieurs communications semblables (comme les réunions animées par la gérante dans chacune des boutiques), elles ont habituellement le même chrono, car elles utilisent le même réseau humain et le même réseau technique. Donc, si plusieurs communications ont le même chrono, elles n'en font qu'un seul pour le projet. (Cinq réunions ayant le même chrono ne prennent pas plus de temps qu'une seule).

De plus, il faut tenir compte, dans le décompte du chrono d'un projet, du temps exigé pour la préparation de la communication : convocation des participants, rédaction et approbation d'un communiqué, impression d'une affiche… C'est le *pré-chrono* d'un projet. Lorsqu'on additionne les chronos des différents projets pour arriver au *TotalChrono* du programme, il faut évaluer la synchronicité potentielle du pré-chrono d'un projet par rapport au chrono du précédent.

Pour discussion :

Deux projets visent la même cible, le premier avec un changement de connaissance (réunion), l'autre avec un changement de pratique (communiqué). Sera-t-il possible de préparer le communiqué (pré-chrono) pendant le chrono de la réunion ? Et ainsi d'éviter d'allonger le Total-Chrono ?

EN RÉSUMÉ :

- L'évaluation formative se fait durant la réalisation du programme
- L'évaluation sommative se fait après la réalisation du dernier projet du programme
- L'évaluation prospective se fait durant la scénarisation du programme.

Une grille pour ne rien oublier

Nous proposons ici une grille ou un guide rappelant les principales questions que le communicologue ou le communicateur doivent se poser pour procéder à l'analyse et au choix des réseaux humains et techniques de façon systématique et méthodique.

Les réseaux humains

1. L'examen des composants

a. Qui sont les émetteurs (E^3, mandant, mandataire, et mandaté), récepteurs (R^3, destinataire, décodeur, et interprète), et réémetteurs concernés ?

b. Quels sont les circuits de communication de l'entreprise ?

c. Regroupez les circuits afin de former trois portraits : l'autorigraphe, l'opéragraphe, le personnigraphe ?

2. Le diagnostic de l'efficacité en fonction du modèle électrique

a. Quel type de pouvoir a-t-il ? (physique, matériel, et d'expertise) ?

b. Le pouvoir de l'émetteur permet-il de provoquer un changement de C.A.P. chez le récepteur ?

c. Ce pouvoir est-il accepté, quelles sont les dysfonctions ?

d. Avez-vous identifié les récepteurs résistants (impédance et/ou réactance) ?

e. Avez-vous identifié les nœuds dans le réseau pouvant avoir un effet positif ou négatif sur la communication (disjoncteur, commutateur, modulateur) ?

f. Quels dysfonctionnements, avez-vous identifiés ?

g. En quoi sont-ils préjudiciables pour votre communication ?

3. La prescription / le C.A.P. des acteurs

a. Est-il possible d'améliorer la connaissance des jeux de pouvoirs, des règles, et des résistances ?

b. Est-il possible de modifier le C.A.P. sur base de cette nouvelle connaissance ?

c. Quelle est l'attitude actuelle des acteurs ?

d. Comment la modifier si nécessaire ?

e. Quelles sont les pratiques actuelles des acteurs ?

f. Comment les modifier, si nécessaire ?

g. Attention : Avez-vous tenu compte du contexte et de la diversité culturelle dans vos prescriptions ?

Les réseaux techniques

4. Questions générales

a. Quel est le réseau technique le plus approprié pour votre communication en fonction du B.A.L. ?

b. Souffre-t-il d'une entropie ? De quel type ?

c. Peut-on y remédier ?

5. Un moyen sur un instrument

a. Quels sont les réseaux techniques à votre disposition ? Quelle est leur fréquence d'utilisation ?

b. Quelle étape d'utilisation (création, production, reproduction, transmission, ou conservation) requière votre attention dans la démarche de communication ?

6. L'examen du réseau technique

a. Besoins

1) Quels sont les besoins des différents acteurs ?
2) Quel est le RT qui rencontre le mieux ces besoins ?

b. Agents

1) Qui sont les agents stratégiques, tactiques, et techniques du RT privilégié?

2) Agent stratégique: quelle est son attitude (analyse des discours, des politiques, et des habitudes)?

3) Agents tactiques: qui initie la communication?

4) Agents techniques: qui la facilite ou assure le bon fonctionnement du RT?

c. Lieu

1) Quel lieu privilégier pour la communication en fonction du pouvoir des agents stratégiques, tactiques, et techniques?

7. Le diagnostic des réseaux techniques

a. Dans quel état se trouve le RT?

b. De quel type d'entropie souffre-t-il?

1) Conception: quelle erreur faut-il corriger? (sélection, distribution, ou usure)

2) Utilisation: les utilisateurs sont-ils bien formés?

3) Circulation: faut-il en revoir la capacité?

8. La prescription des réseaux techniques

a. Quelle intervention semble la plus appropriée?

1) Faut-il former les agents (stratégiques, tactiques, et techniques). Pour modifier quelle dimension de leur C.A.P.?

2) Faut-il transformer le réseau technique?

3) Faut-il transmuter le moyen vers un autre instrument?

4) Faut-il muter vers un autre RT afin de rencontrer les besoins des acteurs?

b. Quel budget pour vos interventions

1) Quels investissements physiques seront nécessaires?

2) Quelles sont les personnes pour lesquelles il faudra libérer du temps?

3) Faut-il engager une personne ressource?

4) De quel matériel aurez-vous besoin?

Les lecteurs qui voudraient consulter des études de cas pourront nous écrire (adresses-courriel des auteurs à la fin de la conclusion) pour obtenir l'adresse du site-internet où nous allons développer, avec nos étudiants, des exemples d'application de nos modèles.